하루 30분
DeFi 코인 투자

하루 30분 디파이 코인 투자

1. 입문 : 스마트폰 가상화폐 앱 세팅

ⓒ 방유성, 지상범, 안승일. 2025

1판 1쇄 인쇄 2026년 1월 5일
1판 1쇄 발행 2026년 1월 12일

지은이   방유성, 지상범, 안승일
펴낸이   이재유
디자인   오필민디자인

펴낸곳   무블출판사
출판등록   제2020-000047호 (2020년 2월 20일)
주소   서울시 마포구 신촌로 2길 19, 마포출판문화진흥센터 3층 P10
전화   02-514-0301
팩스   02-6499-8301
이메일   0301@hanmail.net
홈페이지   mobl.kr

ISBN   979-11-91433-86-9 (13320)

하루 30분
DeFi
코인 투자

1 입문

스마트폰 가상화폐 앱 세팅

방유성·지상범·안승일 지음

MMBL Books

책을 읽기 전에

우리가 다달이 나오는 월급에 만족하며 우직하게 일하는 동안, 주변 누군가는 월급의 몇 배를 직장 밖에서 번다. 코스피는 4,000대를 오르내리고, 아파트 가격은 아직 강남만의 얘기라지만 평당 2억 원이 현실화했다. 월급은 제자리인데 물가는 다락같이 오르고, 언론에서는 공공연히 달러 환율 1,500원대를 전망한다. 다달이 통장에 찍히는 숫자는 같아도, 인플레이션과 환율 상승 속에 우리 월급의 화폐가치가 빠르게 줄어들고 있다. 믿고 의지해 온 '월급(근로소득)의 배신'이다.

월급은 물가가 오르는 속도를 따라가지 못한다. 전세, 집값 등 자산의 상승 폭은 생활비보다도 더 빨리 올라가고 있어서 월급으로 겨우 물가를 맞춰 살아가는 것이다. 투자하지 않으면 남는 게 적지만, 나이가 들수록 새로운 투자에 대한 두려움으로 자산을 늘리는 것에 실패하게 된다. 노동이라는 현금흐름을 가지고 있는 월급 생활자 입장에서, 변동성 크고 사이클마다 폭락도 예상되는 코인은 리스크가 크다. 한번 크게 깨지게 되면 투자 자체를 접게 된다. 도박과 같은 투자가 아닌, 시스템을 이해하고 은행 이자보다 더 큰 수익을 얻을 수 있어야 한다. 그러지 못하면 대출이자보다 낮은 적금에 안정적으로 투자한다지만, 결국은 물가보다도 낮은 수익률로 결국 '손실 확정'이다.

투자를 통해 자산과 자본이 돈을 버는 시스템을 구축해야 한다. 아파트나 주식 같은 실물 자산에 대한 투자도 좋고, 은행 이자보다 더 버는, 즉 물가 이상의 수익을 얻는 투자를 선택해야 서울 자가도 있고, 은퇴를 선택할 수 있는 '김 부장'이 될 수 있다.

그 가운데 불붙는 것이 암호화폐 투자다. 미국 달러와 연동되어 환율 리스크를 헤지하는 효과가 있고, 미국과 유럽을 비롯한 전 세계가 제도권 금융으로 편입하려는 움직임 속에 안정성과 신뢰성을 갖추고 있기 때문이다. 2024년 기준 글로벌 코인시장 시가총액은 약 1,350조 원, 국내는 약 108조 원으로 집계된다.

암호화폐 투자는 쉽지 않다. 주식이나 부동산처럼 눈에 확 들어오는 실물이 없고, 업비트나 빗썸 같은 가상자산거래소나 새로운 디파이DeFi, 탈중앙화 금융 프로젝트는 아직 신생 서비스라 미덥지 못한 측면도 있다. 하다못해 주식은 매분기 기업 실적이나 뉴스를 통해 사업성을 가늠할 수 있고, 부동산은 현지 임장이나 토지대장으로 가치와 리스크 여부를 확인할 수 있다. 게다가 TV나 유튜브를 통해 다양한 전문가들이 쏟아내는 조언을 참고할 수 있고, 서점에도 투자서가 넘쳐난다.

물론 현금성 자산을 기반으로 하는 스테이블코인의 경우, 이제는 미국 연방정부의 입법으로 제도적 안정성을 갖추고 실제 결제에서도 많이 사용된다. 그리고 네이버가 가상자산거래소 두나무와 합병하는 것을 두고

'살아남기 위한 전략'이라고 할 만큼 암호화폐와 블록체인 기술의 중요성도 커졌다.

암호화폐도 주식처럼 업비트와 빗썸 등 국내 거래소를 통해 거래할 수 있다. 하지만 해외 거래소에 온체인으로 자금을 송금하거나, 암호화폐를 개인 지갑에 옮기고 DeFi 플랫폼을 이용해 투자하는 것까지는 여전히 어려움을 느끼는 사람이 많다. 특히 DeFi 거래소DEX와 예측 시장 서비스를 이용하기에 조금 진입장벽이 있다. 2019년부터 많이 생겨난 DeFi는 아직은 초기 시장인만큼 신중한 투자가 필요하고, 투자법을 공부해야 손실을 막을 수 있다.

그래서 우리는 DeFi에 대해 널리 알리고, 나아가 투자 기회와 시장에 대한 이해도를 높이기 위해 텔레그램 채널 '크립토 하이스쿨https://t.me/cryptohighschool'을 만들었다. 학교에서처럼 DeFi를 함께 배우고, 결국에는 투자부터 '졸업'까지 함께 하자는 의미다. 먼저 지상범은 블록체인 개발자이자 씨파이CeFi 서비스와 암호화폐 분야 전문가로, 유튜브 숏츠 채널을 운영하면서 암호화폐를 쉽게 설명하는 콘텐츠를 제작하고 있다. 안승일

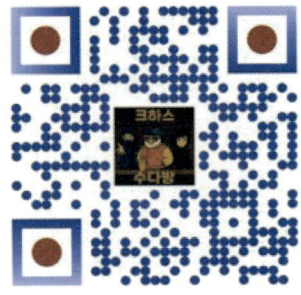

'크립토 하이스쿨' 텔레그램 채널 연결

은 야핑yapping, '에드작'에어드랍 작업 등 무자본으로 DeFi 투자를 진행하는 다양한 방법을 실행하는 고수다. 방유성은 전문 투자자로 빅데이터와 블록체인 기술 기반의 프롭테크 부동산 투자서『하루 30분 부동산 투자』를 공저한 바 있고, 이러한 경험을 바탕으로 크립토 하이스쿨을 진행하는데 있어 총괄 역할을 하고 있다.

나아가 이 책에서는 DeFi 투자법을 좀 더 자세히 소개한다. 1~2장이 암호화폐 시장의 전반을 소개한다면, 3~5장은 국내외 거래소에서 계좌를 만들고, 송금하고 투자하는 과정을 실제 앱 이미지를 통해 보여준다. 그리고 퍼팽의 유튜브 숏츠 동영상 QR코드를 추가해, 누구나 쉽게 영상을 보며 실습할 수 있게 돕는다. 각자의 상황에 맞게 투자를 준비할 수 있도록 3~5장 첫 페이지에 체크리스트를 수록했으니, 참고해서 진행하면 더 좋을 것이다. 특히 DeFi 거래소DEX 가입에서 예측 시장 투자에 이르기까지 전 과정을 앱 이미지와 함께 소개하고 있다. 업비트와 빗썸은 물론, 해외 사이트인 바이낸스BINANCE와 오케이엑스OKX, 메타마스크METAMASK, 하이퍼리퀴드HYPERLIQUID, 아스터ASTER, 리밋리스LIMITLESS, 피기셀PIGGYCELL 등을 상세하게 담았다.

거기에 야핑yapping과 밋업meetup 등 무자본으로 코인 투자를 할 수 있는 다양한 활동에 대해서도 실제 프로젝트 참여 방법과 작성법 등을 소개한다. 카이토KAITO와 월체인퀵스WALLCHAIN QUACKS, 텔레그램TELEGRAM, X트위터, 루마LUMA까지 도움이 될 여러 앱과 사이트 활용법을 소개한다. 아직 DeFi 투자에 대한 확신이 없거나, 자본 부담 없이 코인을 투자하고 싶은 분들은 이 부분을 보면 도움이 될 것이다.

DeFi 시장은 이제 활성화되어 가는 단계다. 이번 책은 투자에 반드시 필요한 앱을 다운받아 어떻게 활용하는지에 대해 소개하는 입문편으로, 곧 출간될 시리즈 다음 권에서는 DeFi 시장과 실전투자에 대해 더 깊이 다룰 예정이다. 그 처음은 이 시장을 알리고 초기 투자에 대한 리스크를 줄일 수 있는 방법을 알리는 것이라고 생각한다. 주식이나 부동산 투자도 결국 어느 정도의 지식과 투자에 대한 리스크를 지고 하는 것처럼 암호화폐와 DeFi도 그러한 위험을 감수하고 투자하는 것이다. '크립토 하이스쿨'은 암호화폐를 처음 투자하는 DeFi 투자자들을 돕고, 새로운 서비스를 알리는 일을 지속할 것이다.

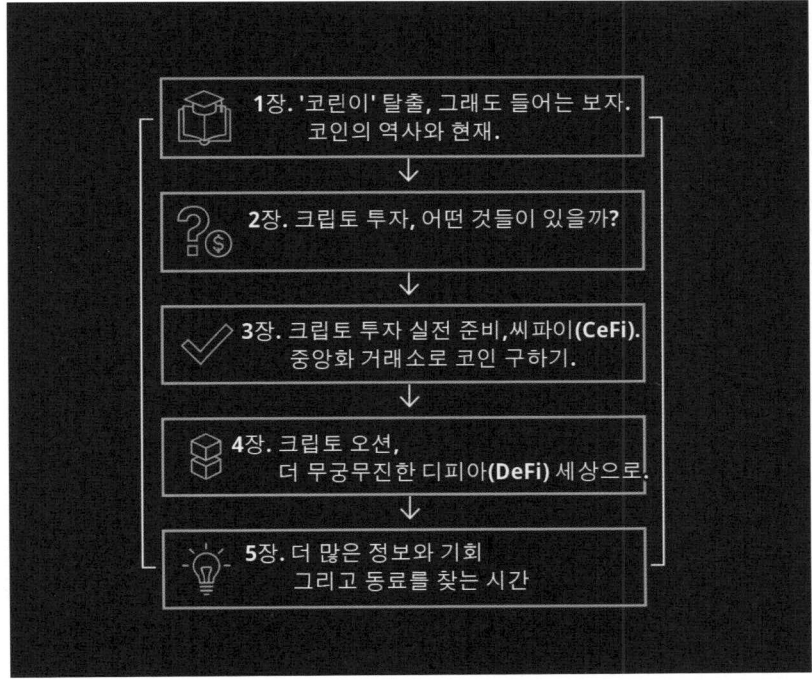

차례

Chapter
1

코인 투자,
지금도 늦지 않다

코인 투자를 이야기할 때, 가장 먼저 짚고 넘어가야 할 사실이 있다. 한국은 기축 통화국이 아니다. 달러처럼 국제 금융의 중심에 선 통화를 직접 찍어내지 못하기 때문에, 우리 일상은 항상 환율이라는 변수 위에 놓여 있다. 원화가 강세를 보이길 바라지만 실제 차트를 열어 보면 등락이 반복될 뿐이고, 1달러에 1,400원이 넘는 지금 상황에서 "설마 1,500원까지 가겠어?"라고 스스로를 달래 보아도 그 말에 힘을 실어줄 근거는 찾기 어렵다.

해외에서 살아본 경험이 있다면 이런 불안은 훨씬 더 현실적으로 다가온다. 월급날마다 환율을 확인하고, 조금이라도 유리한 시점을 찾아 환전

Chapter 1 주요 용어 및 개념 설명

소를 전전했던 기억, 어제보다 오늘이, 오늘보다 내일이 더 비싸질까 조급한 마음으로 송금 버튼을 눌러야 했던 순간들. 기존 통화 시스템 안에서는 이런 번거로움과 위험을 피하기 쉽지 않다. 자국 통화 가치가 흔들릴수록 개인은 점점 더 불리한 규칙 속에서 게임을 해야 한다.

암호화폐와 스테이블 코인은 이 지점에서 다른 선택지를 보여준다. 달러 가치에 연동된 스테이블 코인을 미리 확보하면 자산 일부를 사실상 디지털 형태의 달러로 전환해 두는 것과 비슷한 효과를 얻을 수 있다. 이는 단순히 환차익을 노리는 수단을 넘어, 물가 상승과 환율 급등에 대비한 일종의 보험처럼 작동한다. 은행 계좌와 전통적인 송금망이 아니더라도, 지갑 하나만 있으면 국경 너머로 이동 가능한 자산을 보유할 수 있기 때문이다. 비기축통화국 국민에게 이런 구조는 '있으면 좋은 옵션'을 넘어 점점 '없으면 불안한 기본 장비'에 가까워지고 있다.

코인 투자는 위험하다는 인식이 널리 퍼져 있고, 그 평가가 완전히 틀렸다고 말하기도 어렵다. 가격 변동성이 크고, 제도·규제 환경이 아직 완전히 안정되지 않았으며, 각종 해킹·사기 사례도 존재한다. 그렇기에 오히려 더 차분하게 공부해야 한다. 스테이블 코인의 담보 구조와 리스크라든가, 비트코인이 인플레이션을 어느 정도까지 헤지 수단이 될 수 있는지, 각 프로젝트의 토큰이 실제로 어떤 가치를 만들어 내는지 이해하고 나면, 암호화폐는 '위험한 한 방'이라기보다 기존 법정화폐와 나란히 가져가는 또 하나의 자산 축으로 보이기 시작한다.

흥미로운 점은, 비트코인과 암호화폐 이야기가 매일 뉴스와 SNS에 등장하지만 이를 적극적으로 활용하는 사람은 여전히 소수라는 사실이다. 이미 글로벌 송금, 스테이블 코인 결제, 온체인 이자 수취, 디파이DeFi 담보 대출 같은 인프라가 돌아가고 있지만, 원화를 주로 쓰는 다수에게는 여전히 '어딘가 먼 세계의 이야기'처럼 느껴진다. 이 간극이 바로 기회다. 시장이 포화되기 전에 구조를 이해하고, 소액이라도 직접 경험을 쌓는 사람에게 더 큰 보상이 돌아가는 것은 어느 시대나 크게 다르지 않다.

이 책이 전하고 싶은 메시지는 분명하다. 비非기축통화국 국민에게 코인 투자는 단순한 유행이 아니라, 앞으로의 금융 환경에 적응하기 위한 중요한 도구이자 새로운 언어라는 점이다. 법정통화만으로는 감당하기 어려운 환율 변동과 인플레이션의 파도 앞에서, 암호화폐와 스테이블 코인은 개인이 선택할 수 있는 몇 안 되는 방패이자 동시에 성장의 기회가 될 수 있다. 이 첫 장에서는 '코린이'도 이해할 수 있게 '돈'과 통화의 역사, 그리고 비트코인과 코인이 어떤 배경에서 등장했고 지금 어떤 전환점 위에 서 있는지를 차근차근 살펴보려 한다. 그 흐름을 이해하고 나면, 코인 투자는 더 이상 막연한 도박이 아니라 불안정한 시대에 나와 가족의 삶을 방어하고 키워 나가기 위한 하나의 합리적인 선택지로 다가올 것이다.

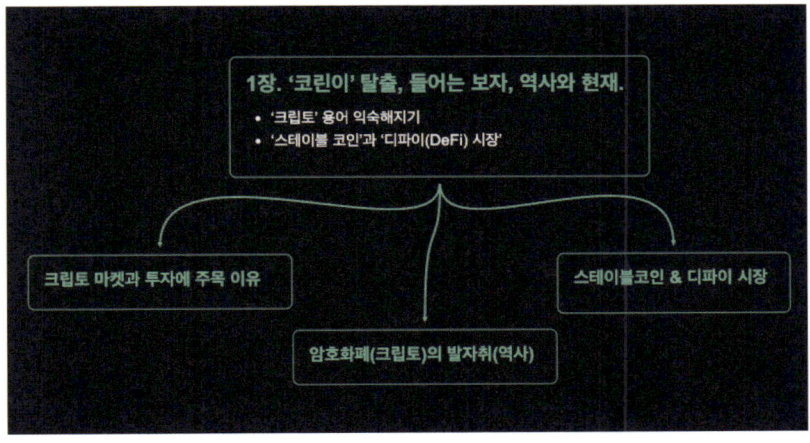

1

우리가 코인 투자에 주목해야 하는 이유

불과 10여 년 전만 해도 여행을 갈 때 우리는 일정 금액 이상을 달러로, 필요에 따라서는 현지 화폐로 환전해 갔다. 비자나 마스터 같은 신용카드가 있어도, 소소한 비용에 일일이 카드를 쓰기가 번거롭거나 결제가 어려운 상황이 많았기 때문이다. 이제는 신용카드로 거의 모든 소비가 가능해졌지만, 사실 환전이든 신용카드든 수수료가 발생하고 이는 모두 추가비용이 된다. 커피를 마시고 버스를 타는 소액 결제까지 수수료를 내는 것은 손해라는 생각도 들 수 있다.

그래서 요즘 각광받는 것이 스테이블코인이다. 코인은 국경 없는 저비용 결제와 안전한 가치 보존이 가능한 데다, 글로벌 기업까지 주요 결제수단으로 채택하면서 새로운 금융 인프라로 자리잡고 있다. 24시간 바로 결제가 가능하면서도 수수료가 저렴하기 때문이다. 실제로 지난 2024년 해외 스테이블코인 결제금액은 총 27조 6,000억 달러로, 비자와 마스터카드를 합친 25조 7,000억 달러보다 많다. 이미 프랑스 프렝땅Printemps 백화점은 2024년 11월 가상화폐 결제를 도입했고, 마스터카드도 스테이블코인 결제를 지원하는 암호화폐 카드를 출시했다.

상대적으로 화폐가치가 불안정한 라틴 아메리카에서는 스테이블코인을 사용한 소액 결제 비중이 커지고 있다. 베네수엘라, 아르헨티나 등 자국 화폐가 불안한 곳에서는 달러화나 미 국채에 기반한 스테이블코인이 더 안전한 화폐로 대접받기 때문이다. 다시 말해 정치·경제적으로 불안정한 국가에서 화폐를 대체하는 수요가 증가하고 있다.

사실 경기가 불안하면 할수록 가치가 높아지는 것은 대표적인 안전자산인 금金으로, 불확실한 경제상황 속에서 오랜 기간 사람들이 소유하고 투자해 온 상품이다. 최근에는 금값이 단기간에 급등하면서 돌잔치 선물로 '반 돈' 돌반지를 선물하기도 쉽지 않다. 그러나 금은 안정적이고 확실한 가치가 있지만, 개인이 보유하기에 공간이나 보안 측면에서 부담이 생긴다. 거래나 처분을 위해 옮기거나 갖고 다니기 불편한 점도 크다. 자산을 예치하는 공간과 이동하는 시간, 보안상의 문제 때문에 금은 거래수단으로서 한계가 분명하다.

따라서 금처럼 무게나 부피에 구애받지 않고 영구보관이 가능하면서, 글로벌 유통이 편리하고 수수료 부담도 적은 암호화폐에 관심이 쏠리는 것은 당연한 일이다. 저장과 사용이 모두 편리한 '디지털 금'으로 각광 받는 것이다. 애플과 구글, 그리고 아마존 같은 빅테크 기업들이 스테이블코인 시장에 진입하려는 것이 이를 방증한다. 지금은 애플 앱스토어에서 연계 카드로 결제하고 수수료를 지불해야 하는데, 자체 스테이블코인으로 가능하다면 어떻게 될까? 또 전세계에서 이용되는 아마존 사이트에서 카드가 아닌 스테이블코인으로 결제를 된다면?

실제로 대표적인 미국 유통업체 월마트의 대주주인 핀테크업체 원페이는 파트너십을 통해 리플이 발행하는 스테이블코인 RLUSD 결제를 도입하겠다고 밝혔다. 암호화폐, 디지털 자산 결제가 주류 결제 시스템으로 편입되고 있다는 신호라는 점에서 시사하는 바가 크다.

2
코인의 진화, 그리고 지금

우리가 아는 금융시장은 보통 제1금융권으로, 중앙은행인 한국은행을 뺀 모든 'OO은행'을 말한다. 나머지 증권·보험·카드·저축은행·상호금융 등은 제도권 금융기관이지만 제2금융권, 대부업체 같은 곳은 합법적이라면 제3금융권이다.

이런 전통적인 금융 체계에서 암호화폐 Cryptocurrency의 등장은 대표적인 혁신으로 평가된다. 소위 '크립토 Crypto'로 불리는 암호화폐를 기존 금융과 가르는 것은, 블록체인 Blockchain 기술을 기반으로 중앙기관 없이 거래의 신뢰성을 확보할 수 있다는 점이다.

다시 말해 암호화폐는 탈중앙화된 분산 네트워크 Peer-to-Peer Network를 통해 사용자 간 직접적인 거래가 가능하다. 이제 암호화폐는 단순한 대체화폐 수준을 넘어, 정보의 투명성·보안성·개방성을 강화하며 전 세계적으로 디지털 경제 질서를 재편하고 있다.

개념적 기원 : 전자화폐 실험의 시대(1980년대~2008년)

암호화폐의 시작은 1980년대 초. 미국의 암호학자 데이비드 차움 David

Chaum은 1983년 '전자화폐e-Cash', 즉 중앙기관의 개입 없이도 안전한 온라인 결제가 가능하다는 아이디어를 내놓았다. 그는 '디지캐시DigiCash'라는 회사를 설립했지만, 그 당시의 기술적 한계와 시장의 이해 부족으로 상용화에는 실패했다.

또 영국의 암호학자 애덤 백은 1997년 '해시캐시HashCash'라는 작업증명방식POW, Proof-of-Work을, 할 피니는 2004년 '재사용이 가능한 작업증명RPOW, Reusable Proof of Work' 같은 프로젝트를 선보였다. 이는 오늘날 비트코인에서 핵심으로 작동하는 작업증명 개념의 이론적 기초를 제공했다. 실질적인 성과보다는, 디지털 자산의 신뢰성과 익명성을 보장하기 위한 암호학적 토대가 마련된 시기다.

비트코인의 탄생 : 탈중앙화 화폐의 시작(2008~2012년)

2008년 10월, '사토시 나카모토Satoshi Nakamoto'라는 익명의 인물이 〈Bitcoin: A Peer-to-Peer Electronic Cash System〉이라는 백서를 온라인 커뮤니티에 공개했다. 이 백서는 중앙기관 없이도 개인 간의 거래가 가능하며, 거래 기록은 블록체인에 분산 저장된다는 혁신적인 개념을 담고 있었다. 이듬해인 2009년, 사토시는 비트코인의 제네시스 블록Genesis Block을 생성하며 최초의 탈중앙화 암호화폐 네트워크를 출범시켰다.

그리고 2010년에는 '비트코인 피자 거래'로 알려진 사건이 일어났다. 한 사용자가 1만 BTC로 피자 두 판을 구입한 것으로, 암호화폐가 현실 세계에서 교환 수단으로 사용된 첫 사례였다. 이러한 거래를 기점으로 비트코인은 단순한 기술 실험이 아닌, 새로운 형태의 화폐이자 자산으로서의 가능성을 보여주었다.

알트코인의 등장과 기술적 확장(2013~2016년)

암호화폐인 비트코인의 출현은 곧 다른 암호화폐의 등장을 촉진시켰다. 리플Ripple, 도지코인Dogecoin, 네임코인Namecoin 등 다양한 목적과 철학을 가진 그 외의 암호화폐들, 즉 '알트코인Alternative Coin'이 개발되었다. 특히 2015년, 캐나다 출신 개발자 비탈릭 부테린Vitalik Buterin은 이더리움Ethereum을 공개했다. 이더리움은 단순한 화폐 거래가 아니라, 스마트 계약Smart Contract을 통해 조건이 충족되면 자동으로 실행되는 탈중앙화 애플리케이션DApp을 가능하게 했다. 비트코인보다 더 확장된 것으로, 이는 블록체인 기술의 활용 범위를 금융 이외의 영역으로 확장시킨 결정적 전환점이다.

그러나 2016년 발생한 DAO 해킹 사건은 이더리움 생태계의 신뢰성을 시험하는 계기가 되었다. 이를 계기로 이더리움은 블록체인을 해킹이 일어나기 전의 상태로 거래 기록을 되돌리는 강제 업그레이드 '하드 포크Hard Fork'를 단행하며, 새로운 블록체인인 '이더리움Ethereum'과 해킹의 기록이 그대로 남은 '이더리움 클래식Ethereum Classic'으로 갈라지게 되었다. 그리고 '블록체인 코드의 불변성이 윤리적 책임보다 우선하는가?'라는 질문을 통해, 블록체인의 기록은 어떤 경우라도 수정이 불가하다는 주장으로 블록체인의 거버넌스 구조에 대한 사회적 논의를 일으켰다.

대중화와 투기적 과열의 시기(2017~2020년)

역사적으로 2017년은 암호화폐의 대중화가 본격화된 시기다. 비트코인의 가격이 2만 달러를 돌파하면서 전 세계적으로 본격적인 투자 열풍이 일어났고, 많은 프로젝트 재단이 ICOInitial Coin Offering를 통해 자금을 조달했다. ICO는 코인이나 토큰을 발행해 투자자에게 판매해 자금을 조달

하는 것으로, 주식을 공개하고 자금을 모으고 상장하는 기업 주식 공개 IPO
와 비슷하지만 다소 차이가 있다. ICO를 통해 판매된 코인이 이후 가상화
폐 거래소에 상장될 수도 있지만, 실패하거나 상장이 지연되는 경우도 있
기 때문이다.

그 가운데 미비한 규제를 이용해 사기성 프로젝트가 난립하면서 시장
의 신뢰가 흔들렸고, 2018년 이후 각국 정부는 규제 강화에 나서게 된다.
메타도 2019년 '리브라Libra'라는 스테이블코인을 발행하려고 했으나 미
국 정부의 반대로 발행하지 못했다.

한편, 2020년을 전후로 등장한 디파이DeFi, 탈중앙화 금융라는 블록체인 기반
의 자동화된 금융 시스템이 만들어졌다. 대출, 예금, 거래가 디지털 계약
을 통해 이루어지며, 이는 블록체인 기술이 기존 금융기관의 역할을 대체
할 수 있다는 가능성을 보여주었다. 따라서 이 시기는 암호화폐가 단순한
투자 대상에서 실질적인 금융 인프라로 발전하는 초석이 마련된 시기라
고 할 수 있다.

제도화와 웹3Web3 시대로의 진화(2021~현재)

달러를 법정통화로 하는 엘살바도르가 2021년 비트코인을 법정통화
로 채택함으로써 암호화폐는 제도권 내에서 새로운 전기를 맞이했다. 또
NFTNon-Fungible Token가 등장하면서 예술, 게임, 미디어 등 다양한 산업에
서 디지털 자산의 소유권 개념이 확대되었다. NFT는 글로벌 게임사에서
도입하여 게임 아이템으로 쓰이기도 하고, 멤버십이나 이벤트 티켓으로
도 활용된다. 또 부동산, 원자재, 예금, 보험과 같은 RWAReal World Assets처럼
NFT를 실질적 활용할 수 있게 되면서 투자자들이 주목하고 있다.

2022년에는 미국 최대의 대형 가상자산거래소 FTX의 붕괴로 인해 암
호화폐 시장의 신뢰성이 일시적으로 추락하기도 했지만, 오히려 규제 및

투명성 확보의 필요성을 부각시킨 사건이 됐다. 현재는 각국의 중앙은행이 CBDC_{중앙은행 디지털화폐} 도입을 검토하며, 공공 부문에서도 블록체인 기술을 활용하려는 움직임이 활발하다. 이와 더불어, 인터넷의 차세대 패러다임으로 불리는 '웹3_{Web3}' 생태계가 확산되면서, 개인이 데이터와 자산의 주권을 직접 소유하고 관리하는 새로운 경제 질서가 형성되고 있다. 암호화폐는 이제 단순한 투기 수단이 아니라, 디지털 신뢰 기반의 분산형 경제 시스템으로 자리 잡아가고 있다.

암호화폐의 도입에서 현재까지 살펴보면 단순히 새로운 화폐의 등장이 아니라, 신뢰와 권력의 구조를 재편한 기술적·사회적 혁명으로 볼 수 있다. 1980년대의 전자화폐 실험에서 시작된 혁신은 2009년 비트코인을 통해 구체화되었고, 이후 이더리움과 디파이_{DeFi}, NFT, 웹3_{Web3}로 이어지며 사회 전반에 영향을 미치고 있다. 그러나 이러한 발전에도 불구하고 여전히 해결해야 할 과제는 많다.

무엇보다 암호화폐는 가격 변동성이 높다. 주식은 가격이 많이 떨어져도 보통 5~10% 정도의 변동성을 보이는 반면, 암호화폐는 20% 이상 떨어지는 경우도 많다. 해킹 및 사기 위험이 여전하며, 아직은 각국의 규제 정책이 상이하다는 점은 암호화폐의 보편화를 어렵게 만드는 요인이다. 또 탈중앙화의 이념이 실제로는 일부 대형 거래소나 소수 투자자에게 집중되는 역설적 현상도 나타난다.

그럼에도 불구하고 암호화폐는 금융 민주화_{democratization of finance}와 디지털 자산화_{tokenization of value}라는 새로운 시대를 열어가고 있다. 향후 암호화폐가 글로벌 금융 시스템과 조화를 이루며 제도권 속에서 안전하게 활용된다면, 그것은 단순한 기술의 진보를 넘어 경제 정의와 신뢰의 재구성이라는 인류적 의미를 지닐 것이다.

3

제도권으로 진입하는
'스테이블코인Stablecoin'

암호화폐는 소수점 단위로 세분화해도 보유 자산의 전체 공급량 비율이 변하지 않는 '무한분할'적 특성, 그리고 국경 제약도 없고 영구보관이 가능한 혁신적인 금융 기술로 주목받아 왔다. 하지만 극심한 가격 변동성 때문에 그 실질적인 활용이 제한됐다. 대표적인 암호화폐인 비트코인이나 이더리움이 가치 저장 수단으로서의 잠재력을 지니고 있음에도, 가격이 하루 수십 %씩 오르내려 화폐로써의 안정성이 부족하다는 인식 때문이다. 이러한 안정성의 한계를 보완하기 위해 등장한 것이 바로 스테이블코인Stablecoin이다.

스테이블코인은 아예 이름에 '안정성'을 넣을 만큼, 그간의 암호화폐와 달리 가격 안정성 유지를 중심으로 설계됐다. 기본 원리는 담보Collateral나 공급 조절로 특정 자산의 가치와 연동Pegging하는 것이다. 실물 자산인 미국 달러나 유로, 금을 '담보'로 발행되고, 가격 하락 시 알고리즘 기반의 '공급 조절' 메커니즘으로 가치가 일정하게 유지되도록 설계됐다. 전통적인 금융이 갖고 있는 안정성과 블록체인의 효율성을 결합한 형태로, '가치 안정형 암호화폐'라고도 불린다.

종류는 크게 세 가지로 구분된다.

❶ 법정화폐 담보형Fiat-Collateralized Stablecoin

미국 달러나 유로 등 법정화폐를 1대1 비율로 예치하여 발행하는 형태. 대표적인 예로 테더 Tether, USDT, USD코인USDC, 바이낸스USDBinance USD, BUSD 가 있다. 예를 들어 테더의 경우, 사용자가 1 달러를 예치하면 1 USDT를 발행하고, 인출 시 같은 비율로 상환된다. 투명한 회계 감사와 은행의 예치금 관리가 신뢰 유지의 핵심이다.

❷ 암호화폐 담보형Crypto-Collateralized Stablecoin

다른 암호화폐ETH, BTC 등를 담보로 예치하고, 일정 비율보통 150% 이상의 초과 담보를 통해 가치를 유지한다. 메이커다오 MakerDAO DAI가 대표적으로, 스마트 계약을 이용해 담보 비율이 일정 수준 이하로 떨어질 경우 자동청산된다. 이는 중앙화된 기관 없이 안정성을 유지할 수 있다는 장점이 있다. 메이커다오 시스템은 탈중앙화된 방식으로 이더리움ETH를 기반으로 미국 달러에 연동되는 스테이블코인 DAI를 발행하고 있다.

❸ 알고리즘 기반Algorithmic Stablecoin

별도의 담보 없이, 시장의 수요와 공급에 따라 토큰 발행량을 자동으로 조정하여 가격을 안정시키는 방식이다. 그러나 이는 이론적 완결성과 달리 시장 충격에 취약하다. 대표적인 예로 테라USDTerraUSD, UST가 있었지만, 2022년 폭락 사태로 알고리즘형 스테이블코인의 위험성이 부각되었다. 이처럼 스테이블코인은 담보의 종류와 관리 주체에 따라 중앙화 – 탈중앙화 스펙트럼상 다양한 형태로 존재한다. 거래소 보관형부터 개인 지갑을 통한 온체인 거래까지 그 활용 방식도 다양하다.

스테이블코인의 개념은 2014년경 테더Tether, USDT의 등장과 함께 본격화되었다. 테더는 "1 USDT = 1 USD"를 표방하며 암호화폐 거래소 간 송금 및 결제 수단으로 빠르게 확산됐다. 아직까지는 암호화폐를 거래하는 수단으로 주로 활용되지만, 송금과 상품 결제로도 활용도가 높아지고 있다. 이렇게 2017년 이후 암호화폐 시장이 급성장하면서, 스테이블코인은 거래의 기준 단위로 자리 잡았다. 특히 법정화폐 담보형 모델은 투자자들이 가격 변동을 피하기 위해 자산을 잠시 대피시키는 '디지털 달러' 역할을 수행해왔다.

2018년에는 메이커다오 MakerDAO DAI가 등장하며 탈중앙화 스테이블코인의 시대가 열렸다. DAI는 스마트 계약을 통해 담보 관리와 발행이 자동으로 이루어지는 구조로, 중앙기관 개입 없이도 가격 안정이 가능하다는 점에서 혁신적이다. 이후 DeFi의 확산과 함께 스테이블코인은 대출, 예금, 파생상품 등 다양한 블록체인 기반 금융 서비스의 핵심 인프라로 발전했다.

2020년 이후에는 USD코인USDC 같은 규제 친화적 스테이블코인이 등장하면서, 제도권 금융과의 연결이 강화되었다. USDC는 미국의 금융기관인 서클Circle과 코인베이스Coinbase가 공동 발행하며, 투명한 회계감사를 통해 신뢰를 확보했다. 이러한 흐름은 각국 중앙은행이 CBDC중앙은행 디지털화폐 연구를 서두르게 하는 계기로 작용했다.

스테이블코인의 성장 과정에서 가장 큰 전환점은 2022년 테라USDTerraUSD, UST 붕괴 사태였다. 알고리즘형 모델이었던 UST는 루나 토큰Luna Token과의 교환 메커니즘을 통해 1 USD 가치를 유지하도록 설계되었으나, 대량 매도 사태로 알고리즘이 무너져 일시에 폭락했다. 이 사건은 400억 달러 이상의 자산 손실을 초래하며 시장에 충격을 주었다. 이후 전세계 규제 당국은 스테이블코인 발행에 대한 감독 강화에 나섰다. 미국 재무부와 유럽연합은 스테이블코인을 결제 서비스 및 은행 수준의 규제 대상으로 포함시키는 방안을 추진하고 있으며, 이는 향후 '규제된 스테이블코인Regulated Stablecoin' 시대의 서막으로 평가된다.

스테이블코인은 단순한 암호화폐의 한 종류를 넘어, 디지털 결제 인프라의 핵심 기술로 자리 잡고 있다. 국가 간 송금, 온라인 결제, 자산 토큰화Tokenization 등 다양한 분야에서 실질적 효용을 입증하고 있으며, 특히 은행 계좌가 없는 사람도 금융을 이용할 수 있게 하는 '금융 포용성Financial Inclusion'을 촉진했다.

또 스테이블코인은 중앙은행 디지털화폐CBDC의 설계에도 영향을 미쳤다. CBDC는 국가가 직접 발행하는 디지털 화폐이지만, 기술 구조와 운용 메커니즘은 스테이블코인에서 많은 영감을 얻고 있다. 따라서 스테이블코인은 민간 부문이 주도한 디지털 통화 실험이자, 공공 부문으로 확산될 디지털 화폐 생태계의 전초전이라 할 수 있다.

스테이블코인은 암호화폐의 불안정성을 해결하기 위한 실용적 대안으로 등장해, 오늘날 디지털 금융의 연결고리 역할을 수행하고 있다. 초기에는 단순한 거래용 보조 수단에 불과했지만, 지금은 DeFi·NFT·국제 송금·결제 플랫폼 등 다양한 영역에서 실질적인 화폐로 사용되고 있다. 그러나 그 성장 과정에는 투명성 부족, 중앙화 논란, 규제 미비 등 해결해야 할 과제도 존재한다. 특히 일부 발행사는 준비금에 대한 신뢰 문제가 반복적으로 제기되며, 이는 스테이블코인의 근본적인 가치인 '안정성'을 위협하는 요소로 작용한다. 앞으로 스테이블코인의 발전은 명확한 규제, 투명한 회계, 기술적 신뢰성 강화를 통해 제도권 금융과의 공존하는 방향으로 나아갈 것이다. 미국에서는 스테이블코인의 발행과 운영에 대한 포괄규제법안 지니어스법GENIUS Act이 2025년 입법 완료되면서 연방규제 체계를 처음으로 구축했다. 이를 토대로 결국 스테이블코인은 단순한 가상 자산이 아니라, 현실 경제와 블록체인 기술을 잇는 가교로서, 디지털 경제 시대의 핵심 인프라로 자리 잡을 것이다.

4

DeFi 시장,
돈의 흐름

　암호화폐의 등장으로 금융시장은 크게 변화했고, 21세기 금융 산업의 구조적 변화를 이끄는 핵심 개념 중 하나인 바로 디파이 DeFi, 탈중앙화 금융를 탄생하게 만들었다. 이는 블록체인 기술을 기반으로 중앙기관 없이 개인 간 Peer-to-Peer 직접 금융 거래를 가능하게 하는 시스템을 의미한다. 기존 전통적인 금융 시스템인 은행이나 증권사, 결제기관 등 중개기관을 통해서만 자산의 이동이 가능했으나, DeFi는 이러한 구조적 한계를 기술적으로 해체하였다.

　DeFi는 암호화폐 산업의 2세대 혁신이라 불린다. 첫 번째 혁신이 '비트코인을 통한 탈중앙화 화폐의 창조'였다면, 두 번째 혁신은 '금융의 탈중앙화', 즉 신뢰와 계약을 자동화한 금융 생태계의 형성이다. 스마트 계약 Smart Contract을 이용해 대출, 예금, 거래, 보험 등의 모든 금융 기능이 코드로 자동 실행되며, 그 과정은 투명하게 블록체인에 기록된다. 이러한 특성 덕분에 DeFi는 금융의 민주화와 효율성을 동시에 추구하는 새로운 패러다임으로 주목받고 있다.

　DeFi는 'Decentralized탈중앙화'와 'Finance금융'의 합성어로, 블록체인과 스마트 계약을 활용해 기존 금융기관의 역할을 대체하는 탈중앙화된 금융 생태계를 의미한다. 스마트 계약이란 일정 조건이 충족되면 계약 내용을 자동으로 실행하는 프로그램으로, 중개자 없이도 거래의 신뢰성을 확보할 수 있다. 이 기술 덕분에 사용자는 은행에 계좌를 개설하지 않고도 자산을 보관하거나 이자를 받을 수 있으며, 다른 사용자에게 암호화폐를 담보로 대출할 수도 있다.

또 DeFi는 외부 데이터를 블록체인으로 가져오는 '오라클Oracle' 기술을 활용하면서, 토큰화를 통해 현실의 자산을 디지털 자산으로 변환한다. 이처럼 블록체인, 스마트 계약, 오라클, 토큰화라는 네 가지 기술 요소가 결합하면서, DeFi는 기존 금융의 거의 모든 기능을 탈중앙화된 형태로 재구성하고 있다. 현재 대부분의 DeFi 서비스는 이더리움Ethereum 네트워크 위에서 운영되지만, 최근에는 솔라나Solana, 폴리곤Polygon, 아발란체Avalanche 등 다양한 블록체인으로 확장되고 있다.

DeFi의 역사는 2017년경 시작되었다. 당시 등장한 DeFi 플랫폼인 메이커다오MakerDAO와 컴파운드Compound는 사용자가 암호화폐를 담보로 맡기고, 자동화된 방식으로 대출을 받을 수 있는 시스템을 구축했다. 이 초기단계에서는 대출과 담보 관리에 스마트 계약을 도입해, 중앙기관 없이도 신뢰 가능한 금융 거래가 가능하다는 점을 입증했다.

2018년 이후 다양한 프로젝트가 등장하며 DeFi 생태계는 빠르게 확장되었다. 그리고 2020년 여름, 이른바 'DeFi 여름DeFi Summer'라 불리는 시기를 맞이하면서 DeFi는 폭발적으로 성장했다. 탈중앙화 거래소DEX, 자동화된 대출 플랫폼, 유동성 풀LP, Liquidity Pool 등의 서비스가 등장하며, DeFi 프로토콜에 예치된 자산가치TVL, Total Value Locked,는 100억 달러를 돌파했다. 사용자들은 자신이 보유한 암호화폐를 예치해 이자를 받거나, 대출을 제공하는 등 전통적 금융 서비스와 유사한 활동을 은행 없이 수행할 수 있게 되었다.

2021년에는 유니스왑^{Uniswap}, 에이브^{Aave}, 커브^{Curve}, 스시스왑^{SushiSwap}과 같은 주요 플랫폼이 등장하며 DeFi는 실질적인 금융 대안으로 자리 잡았다. 그러나 2022년 테라^{Terra}와 FTX 사태로 시장의 신뢰가 급격히 흔들리면서, 보안성 강화와 규제 정비의 필요성이 부각되었다. 이후 2023년부터는 실물자산 토큰화^{RWA, Real World Asset}와 기관 투자자들의 참여가 확대되며 DeFi는 새로운 안정 성장 국면에 진입하였다.

DeFi는 전통 금융의 기능을 블록체인 상에서 구현한다. 가장 대표적인 영역은 탈중앙화 거래소^{DEX}로, 사용자가 자신의 지갑을 직접 연결하여 암호화폐를 교환할 수 있다.

거래 내역은 블록체인에 기록되며, 중앙 서버나 거래소의 개입 없이 자동으로 이루어진다. 또한 대출 및 예금 플랫폼은 사용자가 자산을 예치하면 자동으로 이자를 받거나 대출을 받을 수 있게 한다. 이 모든 과정은 스마트 계약에 의해 투명하게 실행된다. 스테이블코인은 DeFi 내에서 기준 통화 역할을 하며, 거래의 안정성을 확보하는 핵심 자산으로 사용된다. 이 외에도 파생상품 거래, 예측시장, 보험, 수익농사^{Yield Farming} 등 다양한 금융 서비스가 DeFi 생태계 안에서 운영되고 있다. 이러한 구조를 통해 DeFi는 '하나의 은행 없는 금융 시스템'으로 진화하고 있다.

DeFi의 가장 큰 장점은 개방성과 투명성이다. 중개기관을 거치지 않기 때문에 거래 비용이 낮고, 전 세계 누구나 24시간 접근할 수 있다. 또한 모든 거래 내역이 블록체인에 기록되어 조작이 불가능하며, 금융 서비스의 운영 구조가 완전히 공개되어 있다. 이로써 기존 금융이 가지던 비효율성과 불투명성을 극복할 수 있다.

그러나 DeFi는 여전히 여러 한계를 지닌다. 스마트 계약의 오류나 해킹으로 인한 자산 손실 위험이 존재하며, 각국의 규제 부재로 인해 법적 보호를 받기 어렵다. 또한 일부 플랫폼의 토큰이 특정 세력에 집중되어 '탈중앙화'의 이상이 실현되지 못하는 문제도 발생하고 있다. 사용자 인터페이스가 복잡하고 기술적 이해도가 필요하다는 점 또한 대중 확산의 걸림돌이다.

DeFi는 단순한 암호화폐 응용 서비스가 아니라, 금융의 신뢰 메커니즘 자체를 재설계한 혁신이다. 기존 금융이 중앙기관의 신용을 기반으로 했다면, DeFi는 코드와 수학적 검증에 의해 신뢰를 형성한다. 이를 통해 국경을 초월한 송금, 자동화된 대출, 자산의 토큰화 등이 가능해지며, 금융 효율성과 접근성을 동시에 높였다.

또한 DeFi는 각국의 중앙은행이 추진 중인 CBDC^{중앙은행 디지털화폐}와 RWA^{실물자산 토큰화} 정책에도 큰 영향을 미쳤다. 민간이 주도한 탈중앙화 금융 실험이 공공 영역으로 확산되고 있으며, 이는 향후 디지털 경제 체계 전반에 걸쳐 새로운 표준을 제시할 가능성이 높다.

DeFi는 '중앙 통제가 없는 금융'이라는 개념을 현실화하며, 기존 금융 체계의 독점 구조를 기술적으로 해체했다. 그 발전 과정은 단순히 암호화폐의 확장이 아니라, 신뢰와 가치 교환의 방식을 완전히 새롭게 정의한 역사적 전환점이라 할 수 있다. 물론 DeFi는 여전히 보안 취약점, 규제 공백, 시장 조작 위험 등 해결해야 할 과제를 안고 있다. 그러나 제도권 금융과의 연계, 회계 투명성 강화, 실물 자산의 블록체인화가 이루어진다면, DeFi는 전통 금융을 보완하거나 대체할 수 있는 하이브리드 금융 모델로 자리 잡을 것이다.

결국 DeFi는 단순한 기술 혁신을 넘어, 금융의 신뢰를 알고리즘으로 대체한 새로운 사회적 계약이라 할 수 있다. 이는 전 세계가 직면한 불평등한 금융 접근 문제를 해결하고, 개인이 스스로 자산을 통제하는 디지털 주권 시대를 여는 중요한 기반이 될 것이다.

전 세계 DeFi 시장은 2019년 이후 폭발적인 속도로 성장해왔다. 특히 2020년에는 전세계적으로 수백 개의 DeFi 프로토콜이 등장하며 총 예치된 자산가치도 급증했다. 이러한 급성장은 블록체인 기술의 성숙, 스마트 계약의 안정화, 스테이블코인의 확산, 그리고 글로벌 투자자들의 참여가 복합적으로 작용한 결과였다.

2021년과 2022년에는 대형 프로젝트들이 대거 상장되며 DeFi 생태계의 다양성이 확대되었다. 탈중앙화 거래소DEX, 예금·대출 플랫폼, 파생상품 시장, 예측시장, 보험 등 전통 금융의 거의 모든 기능이 DeFi 영역으로 흡수되었다. 이 시점에서 DeFi는 단순한 기술 실험 단계를 넘어 실질적 금융 대안으로 발전했다. 특히 미국과 유럽, 싱가포르, 두바이 등은 제도권 차원에서 디지털 자산 관리 및 규제 인프라를 마련하며, DeFi 기업들이 제도 안에서 사업을 확장할 수 있는 환경을 조성했다.

반면 한국의 DeFi 시장은 상대적으로 느린 발전 속도를 보였다. 그 이유는 크게 세 가지다. 먼저 규제 환경의 불확실성이다. 한국은 암호화폐에 대해 비교적 엄격한 규제 체계를 유지하고 있으며, 금융위원회FSC와 국세청 등 관련 기관의 관리 대상이 명확히 구분되어 있지 않다. 이로 인해 국내에서는 DeFi 서비스를 공식적으로 운영하기 어렵고, 많은 프로젝트가 해외 법인을 통해 우회적으로 운영되는 실정이다.

또 시장 참여 기반이 협소하다. 한국은 세계적으로 높은 암호화폐 거래 참여율을 보이지만, 그 대부분이 중앙화 거래소CEX를 중심으로 이루어지고 있다. 즉, 투자자는 많지만 탈중앙화된 금융 서비스에 직접 참여하는 사용자는 매우 제한적이다. DeFi의 핵심인 자율적 지갑 관리, 스마트 계약

이용, 유동성 공급 등의 경험이 일반 투자자에게는 여전히 낯선 개념으로 남아 있다.

마지막으로 기술 및 생태계 기반이 부족하다. 해외에서는 이더리움 외에도 솔라나Solana, 폴리곤Polygon, 아발란체 Avalanche 같은 다양한 메인넷이 경쟁적으로 DeFi 프로젝트를 지원하고 있는 반면, 한국에서는 대형 블록체인 플랫폼이 DeFi 중심으로 발전하지 못했다. 국내 대표 프로젝트인 클레이튼Klaytn과 테라Terra가 한때 DeFi 생태계 구축을 시도했지만, 특히 2022년 테라·루나 사태 이후 신뢰가 무너지며 개발자들이 대거 해외로 이탈해 성장세가 급격히 둔화되었다.

그럼에도 불구하고 최근에는 한국 내에서도 DeFi 산업의 제도화와 재도약 움직임이 서서히 나타나고 있다. 정부는 2023년부터 「가상자산 기본법」 제정을 추진하며 디지털 자산의 법적 정의와 감독 체계를 마련하고 있고, 국내 블록체인 스타트업도 실물 자산 기반의 토큰화, 국경 간 결제, NFT와 결합된 금융 상품 등 현실 경제와 연계된 DeFi 모델을 탐색하고 있다. 또한, 일부 시중은행과 핀테크 기업이 블록체인 기반 금융 실험을 시작하면서, 기존 금융권과 DeFi 생태계 간의 협업 가능성도 확대되고 있다.

결국, 전 세계 DeFi 시장은 이미 실질적인 금융 혁신의 단계로 진입한 반면, 한국의 DeFi는 아직 제도적 불확실성과 시장 인식의 한계로 인해 잠재력 중심의 초기 성장기에 머물러 있다. 그러나 한국이 가진 높은 기술력, 활발한 암호화폐 투자 문화, 그리고 정부의 제도 정비가 맞물린다면, 앞으로 국내 DeFi 시장은 빠른 속도로 재도약할 가능성이 크다. 특히 실물 경제와 연결된 토큰화 금융, ESG 기반 디지털 자산 관리, 글로벌 유동성 연계 등 현실 친화적인 응용 분야에서 한국형 DeFi 모델이 등장할 것으로 기대된다.

Chapter 2

코인 투자 시작하기

암호화폐 투자라고 해서 모두 같은 방식으로 돈이 움직이는 것은 아니다. 중앙화 거래소를 중심으로 한 씨파이 CeFi와, 온체인에서 돌아가는 디파이 DeFi, 탈중앙화 금융는 겉으로 보기엔 비슷한 '코인 서비스'처럼 보이지만 구조와 리스크, 편의성이 전혀 다르다. CeFi 안에서도 현물·선물·스테이킹·대출 등 상품이 갈리고, DeFi 안에서도 대출, 유동성 공급 LP, 예측시장, 옵션, 수익 자동화 전략까지 세분화된다. 어떤 방식이 절대적으로 더 좋다기보다는 각 서비스마다 장점과 약점이 섞여 있다.

현실 세계에서 채권·주식·부동산·파생상품을 한 사람에게 모두 똑같이 권하지 않는 것처럼, 암호화폐 투자에서도 '모든 투자자에게 맞는 만

Chapter 2 주요 용어 및 개념 설명

능 솔루션'은 존재하지 않는다. 이 책을 집어 든 독자들 역시 자산의 크기, 여유 자금의 비율, 투자에 쓸 수 있는 시간, 감내 가능한 손실 폭, 목표로 하는 수익률이 전부 다르다. 같은 비트코인 1개를 들고 있어도 어떤 사람에게는 '장기 은퇴자금'이고, 다른 사람에게는 '단기 트레이딩 원금'일 수 있다.

그래서 이 책에서는 CeFi와 DeFi 중 하나를 선택하고 다른 하나를 버리자는 식이 아니라, 각각이 어떤 성격을 갖고 있는지 비교하고, 본인에게 맞는 투자 상품을 찾는 과정에 도움을 주는 것을 목표로 하고 있다.

예를 들어 비교적 보수적인 자산은 규제가 갖춰진 CeFi 거래소의 현물·예치 상품연(Earn) 등에 두고, 더 공격적인 전략은 DeFi에서 예측시장·레버리지·파생상품으로 운용할 수 있다. 저자 역시 이런 원칙에 따라 운영 목적에 맞춰 CeFi와 DeFi에 자산을 나눠 두고 있다. 비트코인을 장기적으로 모으는 용도는 CeFi에서 분할 매수와 단기 예치를 활용하고, 보다 단기적인 방향성 투자는 DeFi 예측시장 서비스와 CeFi 파생상품을 엮어 리스크를 상쇄하는 식의 투자를 하고 있다.

물론 이런 조합이 '제로 리스크'를 보장해 주지는 않는다. 스마트 컨트랙트의 취약점, 거래소 파산, 유동성 고갈, 잘못된 헤지 구조 등 고려해야 할 변수는 많다. 그렇기 때문에 처음 도전적인 전략을 시도할 때는 반드시 소액부터 시작하고, 왜 이 상품에서 수익과 손실이 발생하는지, 리스크가 어디서 터질 수 있는지를 이해한 뒤 금액을 늘려야 한다. 이 과정 자체가 투자 실력을 키우는 공부이기도 하다.

한편, DeFi와 온체인 생태계에서는 자본이 거의 없어도 참여할 수 있는 기회가 계속 생겨난다. 프로토콜 초기 이용자를 대상으로 한 에어드랍, 테스트넷 참여 보상, 거버넌스·커뮤니티 활동 보상 등은 시간과 노력만 있다면 '현금 투자 없이 암호화폐를 얻는 방법'이 될 수 있다. 이런 무자본·저자본 기회를 잘 활용하면, 현금 리스크를 크게 지지 않고도 생태계를 이해하고 경험을 쌓을 수 있다.

앞으로 등장할 새로운 서비스와 전략은 이 책에 담긴 것보다 훨씬 더 다양해질 것이다. 독자 각각이 CeFi·DeFi의 기본 원리를 이해한 뒤 자신만의 조합을 만들어 낸다면, 그 과정에서 발견한 전략은 남들이 아직 보지 못한 '숨은 보물' 같은 수익을 가져다줄 수 있다. 전통적인 격언처럼 '계란을 한 바구니에 담지 않는 것'은 코인 투자에서도 유효하다. 단, 여기서 중요한 것은 무작정 여러 바구니를 늘리는 것이 아니라, CeFi와 DeFi라는 서로 다른 세계의 규칙을 이해하고, 그 차이를 활용해 위험을 분산하고 수익 구조를 설계하는 일이다. 이 장에서는 바로 그 출발점을 함께 만들어 보려 한다.

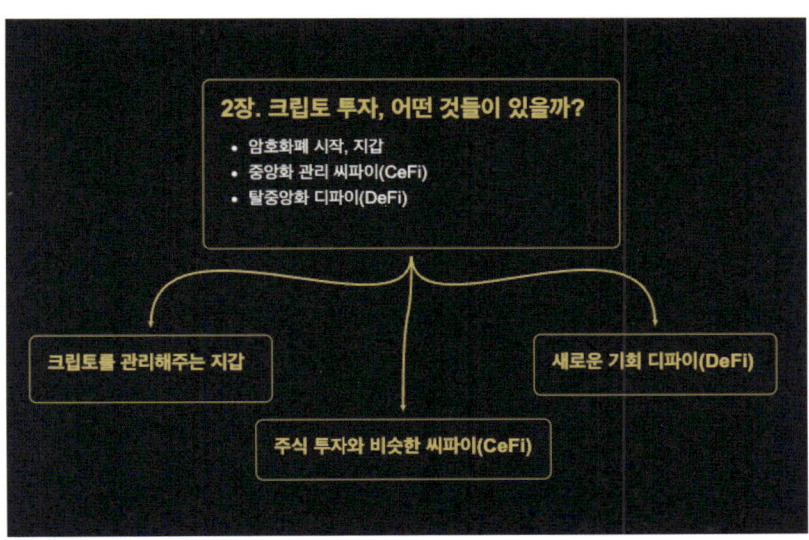

1
지갑Wallet,
크립토 마켓으로 들어가기

현대 사회에서는 은행 없이 생활하기 어렵다. 우리 자산을 은행에 예치하고, '계좌'를 이용해 필요한 재화와 서비스를 소비한다. 또 노동과 투자 그리고 사업 활동을 영위하는 과정을 통해 수익을 창출하고, 그 수익 역시 은행 '계좌'에 보관된다. 우리는 자본주의 경제체계의 결정체인 은행과 함께 살아가는 셈이다. 대부분의 경제활동은 은행을 중심으로 금융시장을 형성하고, 우리는 금융시장의 일원으로 살아가고 있다. 그리고 이 금융시장에는 국가가 발행한 법정화폐_{달러, 유로 등}가 유통된다.

그렇다면, 암호화폐_{가상자산}가 유통되는 시장을 무엇이라고 부를까? 우리는 이 시장을 크립토 마켓이라고 부른다. 금융시장에서 활동하기 위해 우

지갑안내

리가 은행 '계좌'를 이용했다면, 크립토 마켓에서는 '지갑'이 필요하다. 은행 '계좌'에 자산을 보관하듯이 '지갑'에 비트코인, 이더리움 그리고 솔라나처럼 우리가 많이 들어본 암호화폐들을 보관할 수 있다. 알게 모르게, 우리가 금융시장의 일원으로 살아가고 있듯이, 만약 '지갑'을 가지고 있고 거기에 암호화폐를 보관하고 있다면 여러분은 이미 크립토 생태계의 일원인 셈이다.

하지만 여전히 크립토 세상은 일반인들에게 낯설고 어색하다. 앞서 크립토에 대한 여러 설명은 했지만 내가 크립토 마켓에서 활동하고 있는지 인지하지 못한 사람들도 많을 것 같다. 이 책에서는 크립토 생태계에 일원이 되기 위한 충분한 설명과 가이드를 제공한다. 지갑에 대한 설명부터 크립토 서비스 소개, 그리고 실제 사용 방법들까지 자세히 안내한다. 끝까지 내용을 따라가보면, 크립토 마켓에서 활동하는 방법 뿐만 아니라 다양한 수익 창출 기회까지 접할 수 있을 것이다.

현실 세계에서 지갑은 돈과 함께 신분증이나 신용카드 등 필수적인 소지품을 넣어서 휴대하는 도구다. 과거 물물교환 시대에 금이나 은 또는 무게가 꽤 나가는 재화를 휴대하며 경제활동을 하던 시대에 비하면, 지금 사용하고 있는 지갑도 혁신적인 도구다.

크립토 세계에서 '지갑'은 암호화폐를 보관하고 소유권 이전을 승인하는 디지털 프로그램이다. 물리적인 도구 없이 암호학을 이용해 만들어진 비밀구문만 기억한다면, 지갑 프로그램이 설치된 컴퓨터나 스마트폰으로 지갑 이용이 가능하다. 이는 앞서 설명한 현실 세계의 지갑보다 미래 세상을 준비할 수 있는 발전된 형태다.

크립토 세계의 지갑은 공개키 Public Key 와 개인키 Private Key 로 구성된다. 일반인들에게는 생소할 수 있지만, 지갑에서 키는 암호학을 이용해 만든 영문과 숫자가 쓰여진 긴 글자이다. 예를 들어, '0xBF675d92797c605B41820 562A904829bcda71843'처럼 생겼고 추후에 진행되는 과정에서도 이같은 형태를 자주 접하게 될 것이다. 단순히 데이터일 뿐이니, 저 데이터를 암기하고 있을 필요는 없다.

공개키 | Public Key : 지갑 주소

크립토 지갑에서 공개키는 은행 계좌번호 같은 개념이다. 은행 전산시스템에서 고객에게 계좌번호를 할당하고, 해당 계좌번호에 고객의 자산이 보관되고 본인의 자산을 다른 계좌로 은행시스템의 통제하에 전송할 수 있다. 금융거래를 하기 위해서 계좌번호는 타인에게 전달해야 하는 정보다. 그와 마찬가지로 공개키는 블록체인 시스템에서 개인 또는 하나의 주체에게 할당된 데이터로, 좀 더 쉬운 말로는 지갑 주소라고 부른다. 지갑 주소를 상대방에게 전달해 타인의 암호화폐를 전달받을 수 있다. 본인의 은행 계좌번호로 이체받는 것과 같다.

지갑 주소는 은행 계좌번호와는 다른 특징이 있다. 블록체인 익스플로러 —서비스에 따라 블록체인 스캐너나 다른 이름으로도 불린다— 웹사이트에 접속해, 지갑 주소가 가지고 있는 암호화폐의 종류와 수량을 누구나 제한 없이 확인할 수 있다. 은행 계좌의 자산 조회는 개인정보 보호로 인해 타인들이 쉽게 확인할 수 없고, 국가 기관과 같은 권력기관의 법적인 권한이 주어지는 범위 내에서만 본인 외 타인에게 노출된다.

블록체인의 특징 중 투명성과 익명성이란 키워드가 존재한다. 이 둘은 단어 상으로 상충된 의미지만, 이 두 가지 특징을 가지고 있다는 것은 사실이다. 투명성은 앞서 설명한 것과 같이 지갑 주소를 알고 있다면, 누구나 해당 지갑 주소에 있는 자산 및 거래 내역을 확인할 수 있다는 것이다.

또 익명성은 지갑 주소가 공개되어 있지만, 해당 지갑 주소를 소유한 개인이 누구인지는 알 수 없다는 얘기다. 만약 지갑 주소의 소유자가 여러 활동을 통해 공개되더라도 새로 생성된 지갑이나 DeFi 서비스 등을 통해 자금을 이동시키면 해당 자산의 소유자를 식별하지 못하게 되고 다시 익명성이 확보된다.

개인키 Private Key : 지갑 비밀번호

앞선 설명처럼 외부 지갑에서 내 지갑 주소로 암호화폐를 받는 것이 가능하지만, 지갑 주소만으로 내 지갑 주소에 있는 암호화폐를 다른 지갑으로 보낼 수는 없다. 이때 필요한 것이 개인키다. 개인키는 은행 계좌의 비밀번호와 같다. 내 자산의 소유권을 지키기 위해 계좌 비밀번호 관리 시 철저한 보안 적용이 필요하다. 이와 마찬가지로 개인키는 지갑 주소에 있는 암호화폐의 소유권 이동을 승인하는 데이터로, 이 역시 관리 시 철저한 보안이 필요하다. 개인키는 절대 노출시키지 않고, 오프라인 환경에서 개인키 정보를 보관하는 것이 제일 안전하다.

이를테면 은행 A 계좌의 100만 원을 B 계좌로 이체한다면, 우리는 A 계좌의 비밀번호를 입력하면 된다. 마찬가지로 C 지갑의 1 BTC를 D 지갑으로 전송하기 위해, C 지갑의 개인키가 지갑 프로그램에 등록되어야 한다. 이처럼 개인키는 비밀번호와 동일한 개념으로 '비밀키'라고도 부른다.

지갑 프로그램에 접속하여 비밀키를 등록하면, 지갑 주소가 자동으로 연결된다. 지갑 주소는 구조적으로 비밀키로부터 만들어진 데이터다. 그래서 지갑 주소를 굳이 암기할 필요는 없고 외부에 전달할 때는 디지털 기기에서 복사하기 기능을 이용해 전달하는 것을 권장한다. 사람의 지각체계로 지갑 주소를 전달하는 과정에서 오히려 실수 휴먼에러가 발생해 엉뚱한 지갑 주소로 암호화폐를 전달하는 불상사가 발생할 수 있다. 뒤에 제시될 진행 과정을 그대로 따라 하면, 그러한 실수가 발생할 일은 거의 없다.

비밀키 보관 주체에 따라 – 보관형 혹은 비보관형 지갑

지갑의 종류는 기준에 따라 여러 분류로 나눌 수 있다. 다양한 기준이 있지만, 이번에는 '비밀키 보관 방식'과 '지갑 연결 환경'을 기준으로 다룬다.

보관형 Custodial 지갑은 비밀키를 거래소 등 서비스 제공 업체에서 관리하는 형태의 지갑을 말한다. 비밀키 관리에 어려움이 있거나, 크립토 세계에 익숙하지 않은 사람들이 먼저 접하는 지갑이다. 국내 거래소를 이용하고 있다면, 본인은 보관형 지갑을 가지고 있는 셈이다. 거래소를 통해 암호화폐를 입금받거나 외부로 암호화폐를 출금할 수 있고, 이때 필요한 비밀키는 거래소가 보관하고 있다. 사용자가 지갑을 사용하는 절차를 거래소가 대행하는 셈이다.

보관형 지갑은 중앙화 서비스 사용자들이 이용하는 지갑으로 기존 은행 서비스를 이용하는 방식과 동일하다. 다만 다루는 자산이 암호화폐인 것만 다르다. 이처럼 보관형 지갑은 중앙화 서비스에서 다루는 형태로 '씨파이 CeFi, Centralized Finance 지갑'으로도 부른다.

비보관형 Non-Custodial 지갑은 비밀키를 보관하는 주체가 중앙화 서비스가 아닌 개인이 관리하는 형태 지갑이다. 비밀키를 메타마스크 MetaMask 나 팬텀 phantom 같은 DeFi 서비스에 입력해서 사용하는 형태를 말한다.

비보관형 지갑은 중앙화 서비스를 이용하지 않는 형태로, 현실 세계에서 은행시스템을 이용하지 않고 지갑에 보유한 현금을 이용하는 방식과 같은 개념이다. 다만 현실 세계의 지갑은 오프라인에서만 사용이 가능한 반면, 비보관형 지갑은 암호화폐를 온라인을 통해서 전달할 수 있다. 이처럼 비보관형 지갑은 중앙화되지 않은 탈중앙화 형태로 암호화폐를 다루기 때문에 'DeFi 지갑'으로도 부른다.

지갑 연결 환경에 따라 – 핫월렛 혹은 콜드월렛

핫월렛 Hot Wallet은 인터넷에 연결된 상태의 지갑을 말한다. 메타마스크나 팬텀과 같은 DeFi 지갑이 일종의 핫월렛이다. 사용자는 비밀키를 DeFi 지갑 서비스에 입력하여 자신이 보유한 암호화폐를 전송할 수 있다. 인터넷이 연결된 지갑 서비스에 비밀키가 저장되어 있어 블록에 담을 거래내역에 서명하는 과정에 비밀키가 사용된다.

메타마스크MetaMask   팬텀Phantom

인터넷이 항상 연결되어 있어 실시간으로 암호화폐를 전송하기 매우 편리하다. 그 대신 해킹, 피싱, 멀웨어 등 온라인 위협에 노출되는 위험이 상대적으로 크다. 일반적으로 소액의 자산을 운영하는 상황에서 사용된다.

콜드월렛 Cold Wallet은 인터넷에 연결되지 않은 상태 오프라인의 지갑을 말한다. 비밀키를 온라인 상태가 아닌 오프라인 장치로 저장하고 있는 형태다. 예를 들어, 종이에 비밀키를 작성하고 보관하는 종이지갑Paper Wallet과

하드웨어 지갑으로 레저 Ledger 와 트레저 Trezor 가 있다.

Ledger   Trezor

　콜드월렛은 서명되지 않은 형태의 거래 데이터를 사전에 준비하고, 준비된 데이터를 오프라인 환경에서 비밀키로 서명하는 프로그램을 통해 서명된 거래 데이터를 생성한다. 생성된 서명 거래내역을 다시 온라인 환경으로 가져와 블록체인 네트워크로 전달한다. 결국 비밀키는 항상 오프라인 환경에서 보관될 수 있다.

　2~3차례 거래 내역 데이터를 옮기는 과정이 필요해 암호화폐 전송 과정이 다소 불편하다. 하지만 비밀키가 오프라인 환경에서 보관되기 때문에 물리적 분리나 도난 손상의 위험을 제외하면 안전하게 보관할 수 있는 수단이다. 일반적으로 장기 보관하거나 고액 자산을 안전하게 보관하는 용도로 사용한다.

2

알고 보면 주식투자 비슷한
씨파이CeFi

CeFi는 'Centralized Finanace'의 약자로 중앙화된 기관이 운영하는 암호화폐 기반 금융 시스템이다. 사용자가 직접 자산과 지갑 비밀키를 관리하는 것이 아니라 거래소, 금융 회사 등이 대신하여 서비스를 제공한다. 이미 신용카드, 은행, 증권사 등으로 친숙한 전통 금융과 유사한 편의성과 구조를 갖추고 있고, 암호화폐 투자-관리에 있어 중추적인 역할을 담당하고 있다.

CeFi는 기존 금융 시스템처럼 하나의 중앙 기관에서 암호화폐 거래, 자산 보관, 대출, 예치 등 사용자들에게 암호화폐를 기반으로 다양한 금융 서비스를 제공한다. 대부분 크립토 마켓에 진입하는 개인들의 대부분은 법정화폐Fiat Money, 원화나 달러 등 국가 화폐로 암호화폐를 얻는 첫 단계에 CeFi를 이용한다.

CeFi 플랫폼을 제공하는 서비스는 중앙화 거래소CEX, 예치, 선물 거래 그리고 스테이킹 등 다양하게 존재한다. 중앙화 거래소는 주식 거래를 해본 경험이 있다면 어렵지 않게 이해할 수 있다. 주식 거래소에서 개인 기관 외국인 등 다양한 참여자들이 주식을 사고 팔면서 주가가 형성되듯이,

중앙화 거래소에서도 암호화폐가 사고 팔리면서 암호화폐의 가격이 형성된다.

중앙화 거래소로는 바이낸스, 업비트, 코인베이스 등이 있으며, 거래소 서비스를 이용해서 실시간으로 암호화폐를 직접 사고파는 거래-매매가 가능하다. 서비스 사용자는 자체 계정을 생성해서 원화, 달러 등 법정화폐로 암호화폐을 구매하거나 판매할 수 있다. 보통 암호화폐의 가격은 각 거래소에서 연결한 법정화폐로 환산되어 거래되고, 테더 USDT 나 USD코인 USDC 와 같은 스테이블 코인, 그리고 비트코인 BTC 으로 환산된 마켓을 제공하는 서비스도 있다. 일반적으로 암호화폐 시장의 가격은 스테이블 코인으로 환산된 마켓을 가장 많이 사용한다.

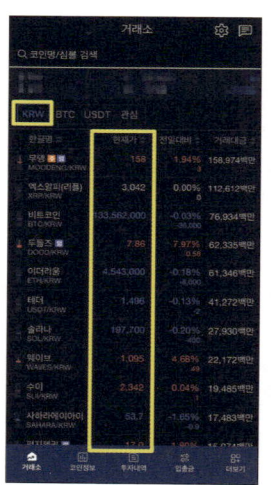
업비트-KRW 마켓

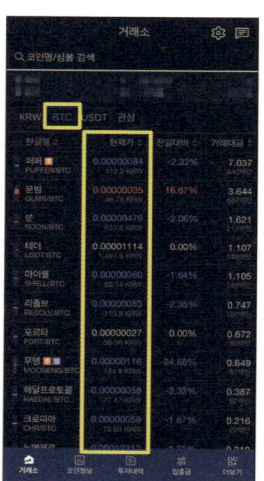
업비트-BTC 마켓

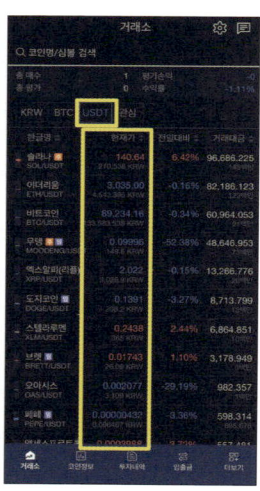
업비트-USDT 마켓

암호화폐 예치

사용자가 거래소-플랫폼에 특정 자산을 맡기면 정기적으로 이자를 받고, 이 이자를 받는 예치 서비스는 예치 기간 설정이 따라 서비스의 형태가 나뉜다. 예치 기간이 고정된 서비스는 일정 동안 자금을 옮길 수 없지만, 그에 따라 비교적 높은 이율의 이자를 받을 수 있다. 그와 반대로 예치 기간이 고정되지 않은 서비스는 상대적으로 낮은 이자를 제공하지만 자유롭게 예치 자산을 옮길 수 있다. 우리가 알고 있는 파킹통장과 같은 개념의 서비스로 볼 수 있다.

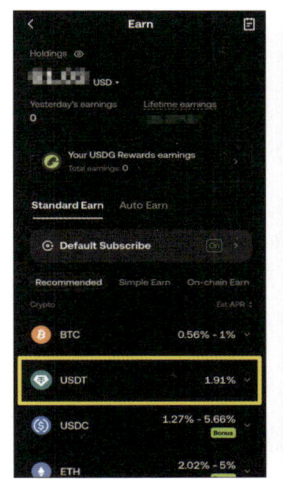
OKX-예치 상품

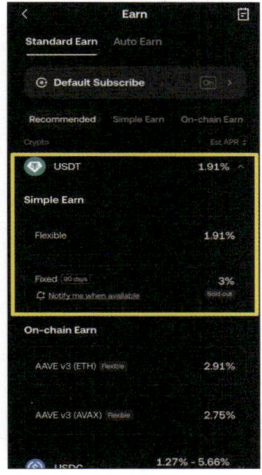
OKX-비고정, 고정 예치

위 사진은 중앙화 거래소인 OKX의 예치 서비스 언Earn이다. 예치기간이 고정되지 않고 자금 이동이 자유로운 상품인 '플렉서블Flexible'과, 일정 기간 자금을 옮길 수 없는 '픽스드Fixed'가 있다.

암호화폐 선물 거래

암호화폐 선물 거래는 미래의 특정 시점에 암호화폐를 미리 정한 가격에 사고 팔겠다는 계약을 거래소에서 체결 및 청산하는 서비스이다. 주식 시장의 파생상품인 선물과 동일하다. 암호화폐 투자자는 가격 변동성을 활용하여 수익을 노릴 수 있지만 그만큼 손실 위험이 존재한다.

Binance-BTC 선물   OKX-ETH 선물

투자자는 매수Long, 매도Short 포지션을 선택해 가격 상승-하락에 모두 포지셔닝할 수 있다. 그리고 레버리지 기능2~125배을 통해 적은 자본으로 큰 시장 포지션을 열 수 있다. 하지만 등락에 따른 손실이 확대될 가능성이 있어 암호화폐 초기 투자자들에게 선물 거래는 권장하지 않는다. 크립토 시장에 대한 경험과 이해가 아직 부족하다면, 선물 거래는 충분히 투자 경험을 쌓은 후에 이용하길 권장한다.

위 사진은 바이낸스Binance에서의 BTC비트코인 선물 트레이딩왼쪽 화면과 OKX에서의 ETH이더리움 선물 트레이딩 화면이다. 각각 두 코인의 미래 가격을 예측해 포지션을 설정한다.

암호화폐 스테이킹

스테이킹Staking은 블록 생성 및 검증방식 중 POSProof of Stake, 지분증명 특징을 가진 암호화폐에서 제공하는 기능으로, 암호화폐의 특정 수량이 스마트 컨트랙트를 통해 특정 기간 동안 '락lock, 자산 이동 불가'되고 그에 대한 보상으로 정해진 만큼의 이자를 보상받는 기능을 말한다. 거래소에서 일부 암호화폐를 스테이킹할 수 있다. 다만 이는 사용자가 직접 스테이킹하는 것이 아니라 거래소가 스테이킹 신청 과정을 대행해주기 때문에 발생한 이자보상 중 일부분을 거래소가 가져간다.

스테이킹을 통해 블록체인 프로젝트에서 제공하는 이자를 받을 수 있다는 장점이 있다. 하지만, 프로젝트마다 이자율이 다르고, 암호화폐가 '락' 되는 기간이 다르기 때문에 해당 내용들을 충분히 숙지하고 스테이킹 서비스를 이용하는 것이 안전하다. 스테이킹 기간 동안 해당 코인의 가격 변동으로 인한 손실이 발생할 수 있다는 점에 유의해야 한다.

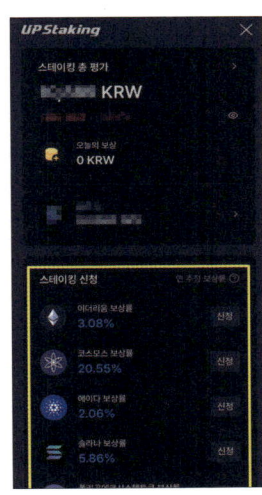

업비트 스테이킹 서비스

빗썸 스테이킹 서비스

CeFi 투자의 장단점

장점

1. 암호화폐에 대한 지식이 없어도, 사용자가 직관적으로 암호화폐 거래 및 보관을 쉽게 할 수 있도록 서비스를 제공한다. 앞서 설명한 지갑에 대한 이해가 없어도 지갑 보관 업무를 대행함으로써 암호화폐를 안전하게 보관한다.
2. 원화·달러 같은 법정화폐를 계좌나 카드로 직접 입금·출금할 수 있다. 사용자는 은행 계좌나 카드만 있으면 별도의 P2P 상태를 찾지 않고도 법정화폐를 바로 충전하거나 현금으로 인출할 수 있다.
3. 중앙화 서비스는 법인사업자로 운영되기 때문에 법인이 설립된 국가기관이 제시한 규제와 법률을 수용하며 사업을 운영해야 한다. 따라서 사용자투자자 보호 시스템을 운영하고 사고 발생 시 사용자의 재산을 보호해야 한다.

단점

1. 비밀키를 중앙화 서비스에 맡기는 구조로, 자신의 자산에 대한 통제를 직접적으로 수행하는 구조가 아니다. 이러한 구조에서 중앙화 서비스 운영업체의 도덕적 해이로 인해 고객들의 자산을 안정적으로 관리하지 못하는 경우가 발생할 수 있다. 그만큼 신뢰도가 높은 서비스를 이용하는 것이 중요하다.
2. 중앙화 서비스도 보안 이슈로 인해 해킹 공격, 내부 사고 그리고 횡령 등 특유의 리스크가 발생할 수 있고, 사용자에게 발생한 피해에 대해 안내하지 않는 등 불투명성이 존재한다.
3. 국가나 기관의 정책 변화, 정부 규제 강화 등 외부 변수에 따라 자산이 동결-몰수될 위험이 있으며, 일부 서비스는 계정 제한이나 의심 거래에 대해 사전 통보 없이 서비스 이용을 중단하기도 한다.
4. 사용자는 서비스 이용에 대한 거래 수수료, 출금 수수료 등 비용이 발생한다.

3

새로운 기회의 땅,
디파이DeFi

DeFi는 'Decentralized Finance'의 약자로 중앙화 기관이나 소수 관리자가 아닌, 코드와 알고리즘으로 운영되는 '탈중앙화' 암호화폐 기반 금융 시스템이다. 사용자는 비밀키가 포함된 자신의 지갑을 직접 소유하고 관리하며, 자신이 직접 발생시킨 거래와 거래내역은 본인뿐만 아니라 어느 누구도 지갑주소만 알면 확인할 수 있다. 전통 금융과 씨파이CeFi에서 중개자가 맡았던 역할을 자동화된 스마트 컨트랙트와 오픈된 커뮤니티가 대체한다는 점이 핵심이다.

블록체인 스마트 컨트랙트 위에서 운영되는 DeFi 서비스는 누구나 인터넷 연결만 있으면 계정지갑을 생성 후 바로 참여가 가능하다. 이전 CeFi에서 설명했던 로그인, 신원 확인KYC, 지역 나이 제한, 국가별 검열 절차 등이 필요없는 글로벌 오픈 금융 생태계다. 그리고 현재 파생상품, 대출, 예치, 스테이킹, 탈중앙화 거래소DEX 등 폭 넓은 금융 혁신을 이끌고 있다. 본인의 지갑을 스스로 관리 통제함으로써 자산 통제권, 접근성, 자율성 보장을 중시한다.

DeFi 생태계는 다양한 종류의 금융 서비스를 온체인 상에서 운영한다. 대표적인 서비스로 탈중앙화 거래소DEX, DeFi 예치, 스테이킹, 대출 등이 있다.

DEX는 중앙 기관의 관리 없이, 스마트 계약을 통해 자동으로 암호화폐를 교환하는 거래소다. 거래 참여자는 메타마스크MetaMask, 팬텀Phantom 등 DeFi 지갑만 있으면 주문을 생성하고, 자산 교환이 가능하다. 대표적인 DEX로는 유니스왑Uniswap, 스시스왑SushiSwap, 팬케이크스왑PancakeSwap 등이 있고, CeFi에서 요구하는 회원가입이나 고객확인KYC 절차 없이 거래가 가능하다.

Uniswap

Sushiswap

Pancakeswap

다파이 예치, 스테이킹, 대출

DeFi 예치 서비스는 사용자가 직접 자신의 암호화폐를 스마트 컨트랙트에 이체하고, 정해진 방식의 이자나 보상을 받는 구조다. 스테이킹 역시 중앙 거래소의 대행 없이, 사용자가 직접 지분을 위탁하고 네트워크 운영에 참여해 보상을 획득한다.

에이브Aave 등 대출 프로토콜은 사용자가 예치한 자산을 담보로 다른 암호화폐를 빌릴 수 있도록 해준다. 가상자산거래소 없이 스마트 컨트랙트가 담보, 이자, 청산 조건을 자동 관리한다. 대출 이자율은 시장의 실시간 수요, 공급에 따라 변동하며, 전세계 누구나 동등하게 참여 가능하다.

Aave

DeFi 투자의 장단점

장점

1. 이용자가 자신의 비밀키를 직접 소유하고 관리하는 방식으로, 거래소 파산이나 해킹 등 제3자에 의한 리스크 없이 암호화폐 자산을 운영할 수 있다.
2. 자동화된 스마트 컨트랙트에 의해 시간과 공간의 제약 없이 금융 서비스를 사용할 수 있다.
3. 중앙화 서비스를 사용하지 않고 거래 당사자 간 직접 거래가 체결되기 때문에 거래 시간이 줄어들고, 별도의 승인 과정을 거칠 필요가 없을 뿐만 아니라 소액의 네트워크 수수료만 발생한다.
4. 누구나 동등한 조건으로 서비스를 이용할 수 있고, 프로젝트 거버넌스에 스스로 영향력을 확보해 직접 투표에 참여할 수 있다.

단점

1. 스마트 컨트랙트 역시 코트 취약성, 해킹 등 기술적 리스크가 항상 존재한다. 미숙한 설계로 개발된 프로토콜은 자산 손실이 발생할 수 있다.
2. 비밀키를 분실한 사용자는 자산을 찾을 수 없어 이미 자산 통제권을 상실한 것과 같다.
3. 아직 명확한 법적 규제나 제도적 보호 장치가 없기 때문에, 사용자 스스로 모든 책임을 감당해야 한다.
4. 메타마스크 등 암호화폐 지갑 사용과 스마트 컨트랙트에 대한 이해, 네트워크 수수료 관리와 같은 일정 수준 이상의 기술적 학습이 필요하다.

Chapter
3

주식처럼
CeFi 투자
직접 해보기

Check List

☐ 본인 명의의 핸드폰

☐ 이메일 (*구글계정 권장)

☐ 미성년자(투자자 본인) 혹은 무자본 투자자

미성년 혹은 무자본 투자자라면, 바로 4장으로 넘어가 메타마스크 앱을 설치하고 5장을 진행하면 된다.

☐ 케이뱅크 계좌

☐ 국민은행 계좌(인터넷뱅킹 가능)

☐ 신분증(주민등록증·운전면허증·여권 등)

직접 이용해 볼 CeFi 서비스는 암호화폐 데이터 플랫폼인 코인마켓캡CoinMarketCap과 코인게코CoinGeoko 서비스에서 제공하는 CEXCentralized Exchange 분야 상위권에 속한 플랫폼을 선택했다.

코인마켓캡

코인게코

Chapter 3 주요 용어 및 개념 설명

코인마켓캡과 코인게코는 코인 시세 확인 사이트로 알려져 있지만, 단순히 가격만이 아니라 시가 총액, 거래량, 거래소 정보, 프로젝트 데이터, 개발 지표, 온체인 지표 등 블록체인 서비스에 대한 종합적인 데이터를 제공한다.

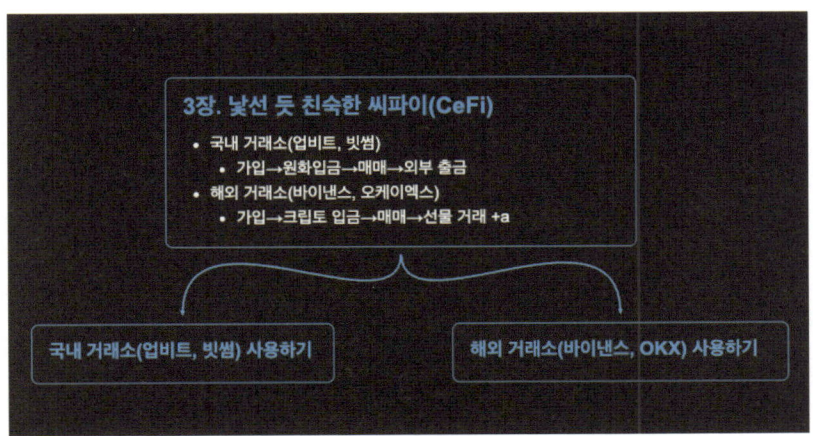

1

국내 서비스
업 비트
Upbit

업비트는 대한민국 내 최대 거래소로 ISMS정보보호관리체계 인증, 특정금융정보법가상자산사업자 신고 공식 승인을 받은 플랫폼으로 법적·보안적 안정성 부문에서 높은 평가를 받고 있다.

❶ 계정 만들기 – 앱 다운로드

업비트 서비스를 이용하기에 앞서, 케이뱅크 계좌가 필요하다. 케이뱅크는 원화를 업비트에 입금하기 위한 창구이다. 케이뱅크 계좌가 있고, 계좌에 원화를 미리 준비해야 한다. 아래 이미지를 참고해 핸드폰에서 어플 다운 프로그램인 '구글 플레이스토어Google Play store'나 '애플 앱스토어Apple App store'을 찾아 실행한다.

(※ 참고 : 책에 첨부한 사진들은 25년 하반기 기준으로, 아래 과정을 따라하는 시점상 UI-화면 생김새에 차이가 존재할 수 있다.)

Google Play store

Apple App store

구글 플레이스토어 검색

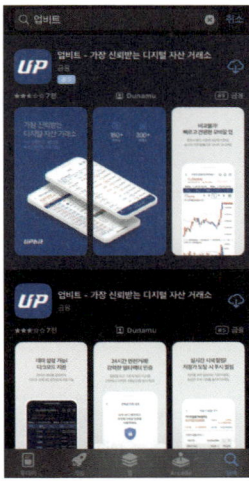

애플 앱 스토어 검색

업비트를 검색하면, 위와 같은 화면이 보이고 '설치'를 진행한다.

❷ 계정 만들기 – 회원 가입하기

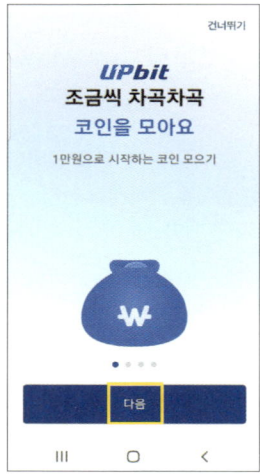

어플 실행 첫 화면

서비스 소개 내역

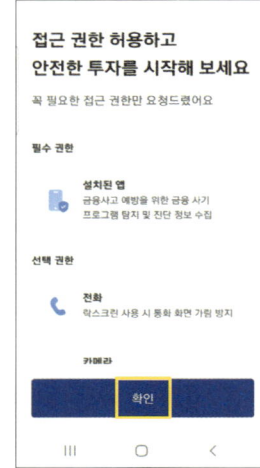

접근 권한 내용

어플을 실행하면 서비스를 소개하는 내용이 나오고 가볍게 살펴본 후, 접근 권한 내용도 확인한 후 다음 단계로 넘어간다.

메인 화면

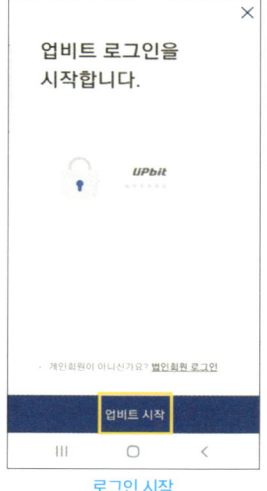

로그인 시작

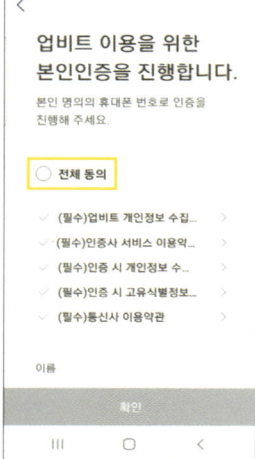

본인인증 동의

메인화면에서 '로그인이 필요해요' 부분을 클릭한다. 두번째 화면으로 넘어가서 하단에 있는 '업비트 시작' 버튼을 누른다. 본인인증을 위한 정보 이용 약관 필수 사항에 동의함을 선택한다.

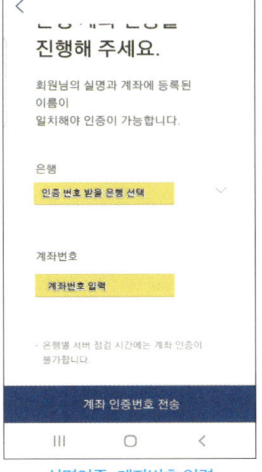
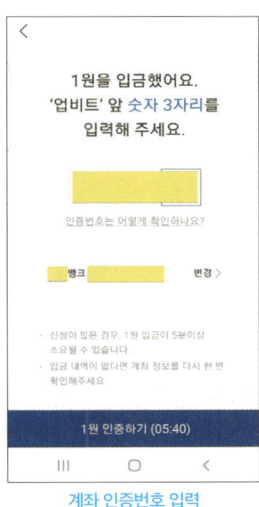

| 휴대폰 번호 인증 | 실명인증_계좌번호 입력 | 계좌 인증번호 입력 |

개인정보와 휴대폰 번호를 입력해 인증절차를 진행한다. 계좌정보를 입력하고 입금내역을 확인 후, 인증번호를 입력한다.

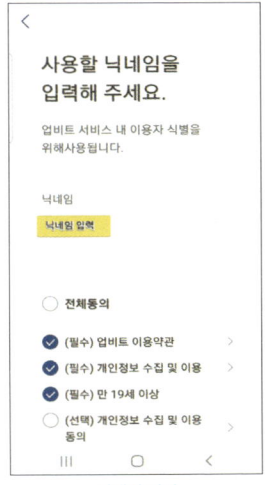
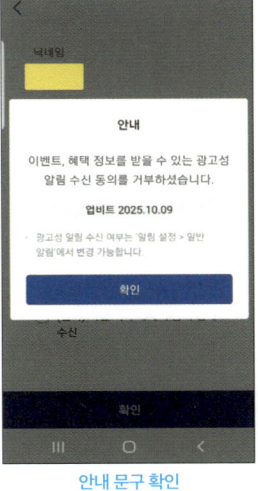
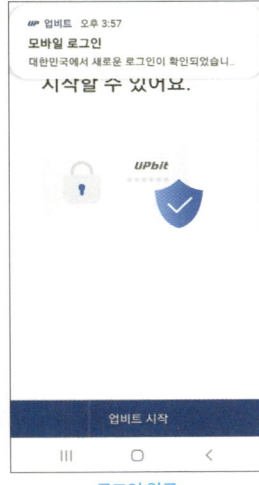

| 닉네임 입력 | 안내 문구 확인 | 로그인 완료 |

앞선 인증 절차가 완료된 후, 서비스에서 사용할 닉네임을 입력한다. 마케팅 수신 동의 여부에 대한 안내문을 확인한다. 로그인 절차가 완료된다.

❸ 원화 입금하기 – 고객 확인

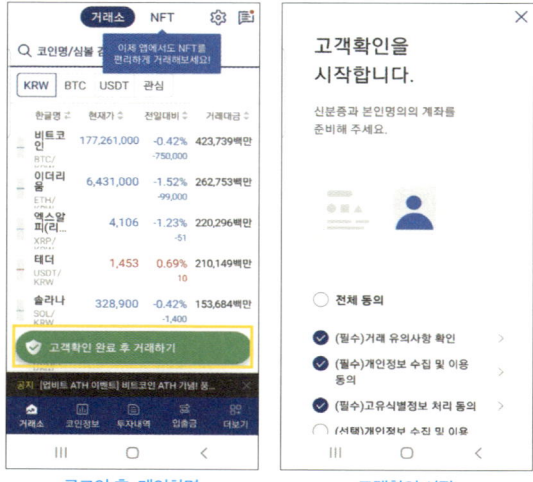

로그인 후, 메인화면   고객확인 시작

원화를 입금하기 위해, 고객확인KYC 절차가 필요하다. 화면에서 '고객확인 완료 후 거래하기'를 클릭한다. 고객 확인 시작을 위해 신분증과 본인 명의 계좌를 준비하고 필수 약관에 동의함을 선택한다.

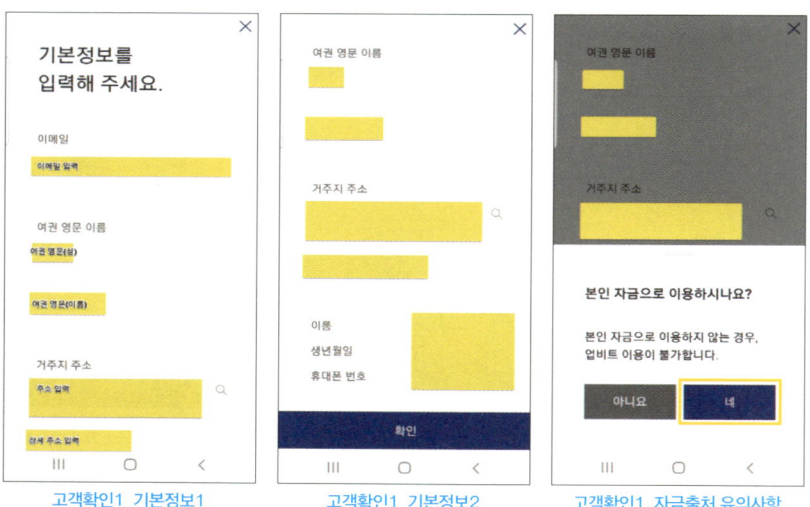

고객확인1_기본정보1   고객확인1_기본정보2   고객확인1_자금출처 유의사항

이메일, 여권 영문 이름, 거주지 주소 등 기본정보를 입력한다. 자금출처 유의사항에 대한 안내사항을 확인한다.

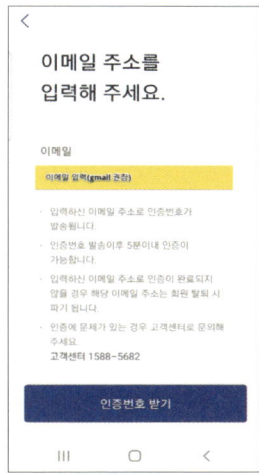
고객확인2_이메일 주소

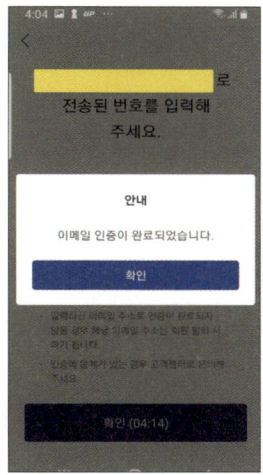
고객확인2_인증 번호 확인

이메일 주소에 보내진 인증번호를 통해 고객확인 1단계를 진행한다. 수신 이메일 내 인증
번호를 입력한다.

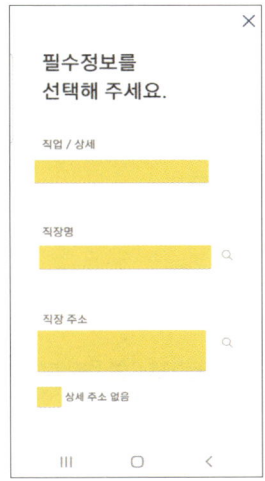
고객확인3_필수정보(직장)1

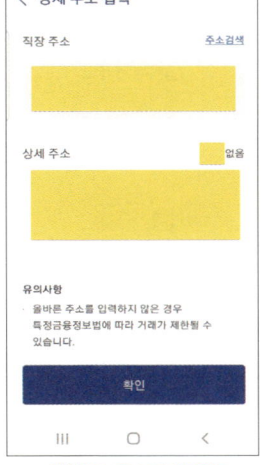
고객확인3_필수정보(직장)2

필수정보로 직업, 직장 정보를 입력한다.

고객확인4_신분증 인증1   고객확인4_신분증 인증2

신분증 인증 절차를 진행한다. 신분증을 촬영하고, 신분증 정보를 입력한다.

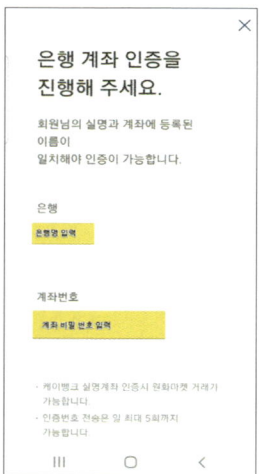
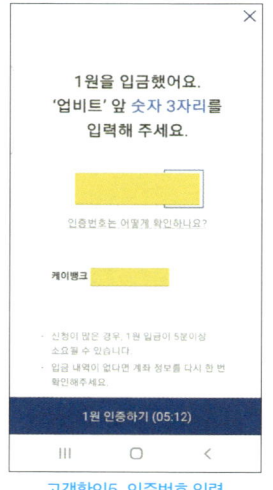

고객확인5_은행 계좌 인증1   고객확인5_인증번호 입력   고객확인 정보 입력 완료

고객 확인을 위해 본인 명의로 가입된 계좌 정보를 입력한다. 입금 내역 확인 후, 계좌 인증번호를 입력한다. 고객확인 정보 입력이 완료되고, 정보 확인이 끝날 때까지 대기한다.

❹ 원화 입금하기 – 원화 입출금 계좌 등록

고객확인 진행중

입출금 주의안내

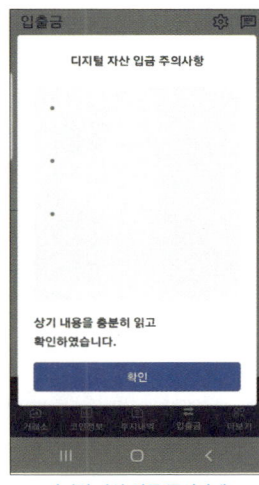
디지털 자산 입금 주의안내

원화 입출금 계좌를 등록하기 위해, 하단 메뉴에서 '입출금' 버튼을 누른다. '전기통신금융사기 주의 안내'를 확인하고, '확인' 버튼을 누른다. '디지털 자산 입금 주의사항'을 확인하고 '확인' 버튼을 누른다.

KRW 인증 안내

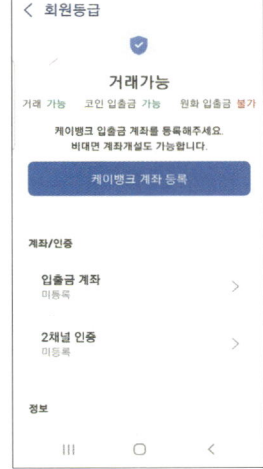
케이뱅크 계좌 등록

현재는 암호화폐 입출금만 가능하고, 원화 입출금은 안 된다. 원화 입출금을 위해 'KRW 인증 안내' 팝업을 확인하고 '계좌인증' 버튼을 클릭한다. 현재 회원등급 내용을 확인할 수 있고 '케이뱅크 계좌 등록' 버튼을 클릭한다.

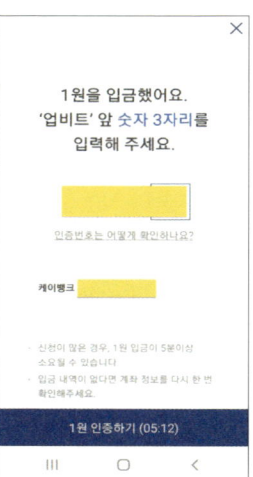

입출금 계좌인증 1 　　　　 입출금 계좌인증 2

입출금 계좌인증 화면에서 하단에 '케이뱅크 계좌인증' 버튼을 클릭한다. 케이뱅크 입금내역에서 인증번호를 확인하고 입력한다.

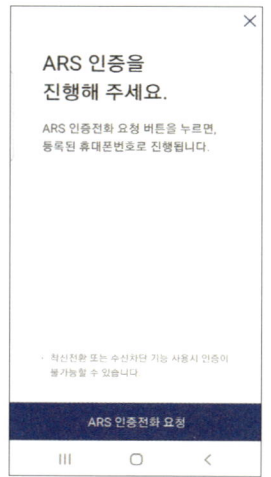
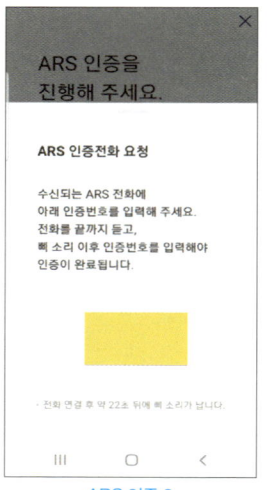
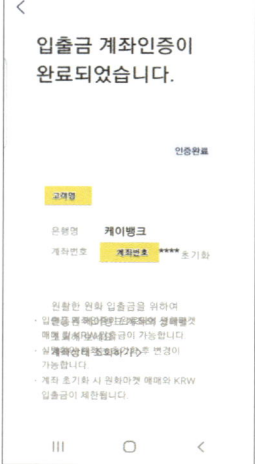

ARS 인증 1 　　　　 ARS 인증 2 　　　　 입출금 계좌인증 완료

ARS 인증을 위해 화면 하단에 'ARS 인증전화 요청' 버튼을 클릭한다. ARS 인증 번호를 입력한다. 입출금 계좌인증 절차를 완료한다.

❺ 원화 입금하기 – 케이뱅크에서 원화 이체 입금

2채널 인증 안내

2채널 인증 선택-카카오

2채널 인증 설정 안내

원화 입금 절차 진행을 위해 2채널 인증이 필요하다. 2채널 인증 과정 안내는 생략하고, 카카오톡 인증이 완료된 상태에서 진행한다. 네이버 인증이나 하나 인증서 사용도 가능하다. 2채널 인증을 해지하면, 출금이 불가능해진다.

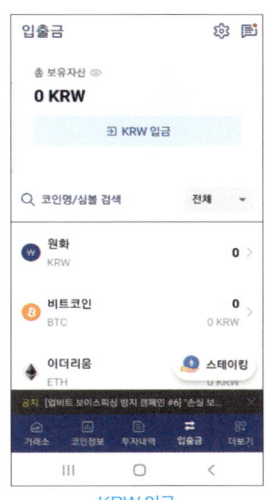

KRW 입금

입금금액 입력

KRW 입금신청

입출금 화면에서 'KRW 입금' 버튼을 클릭한다. 연결된 케이뱅크로부터 입금할 금액을 입력한다. (잔고보다 많은 금액을 신청하면 입금되지 않는다.) KRW 입금신청 내역을 확인하고, 화면 하단 '2채널 인증하기' 버튼을 클릭한다.

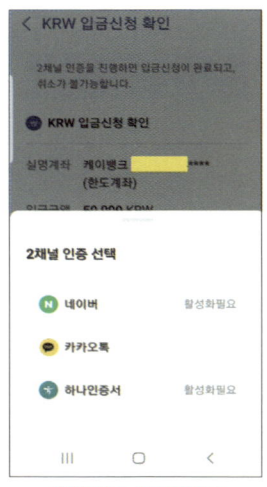
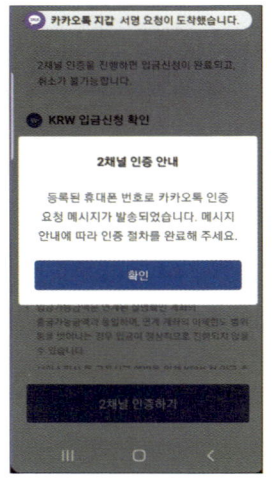

KRW 입금_2채널 인증1   KRW 입금_2채널 인증2   KRW 입금_2채널 인증3

사전에 등록한 2채널 인증 절차를 시작한다. 2채널 인증 진행 화면은 생략한다. 2채널 인증이 완료되고 신청한 금액이 입금 진행중 상태로 바뀐다.

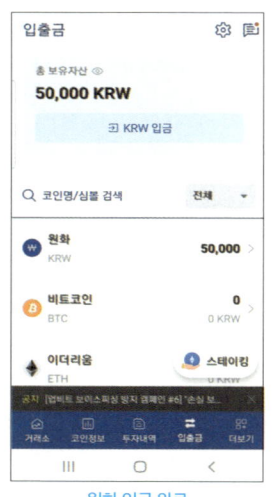

원화 입금 완료   원화 입출금

케이뱅크에 잔액이 부족하지 않다면, 잠시 뒤 원화 입금이 완료된다. 앞서 설정된 2채널 인증 등록을 통해 원화 입출금이 가능한 상태로 변경됨을 확인할 수 있다.

❻ 거래하기 – 암호화폐 매수

입금된 원화로 암호화폐 매수가 가능하다. 범용적인 목적으로 사용할 수 있는 스테이블 코인을 구매한다. 아래 안내는 스테이블 코인 중 테더를 매수하는 과정이다.

거래소

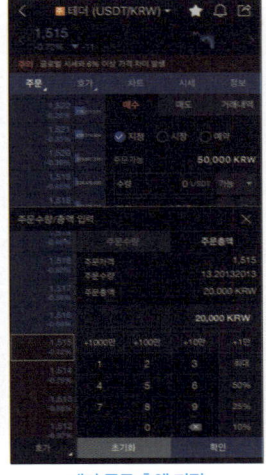
테더 주문 총액 지정

주문 내역 설정

하단 메뉴에서 '거래소'를 선택한 후, '테더(USDT/KRW)' 마켓을 선택한다. 주문 총액을 지정 후, '확인' 버튼을 클릭한다. '매수' 버튼을 클릭해 매수 주문을 접수한다.

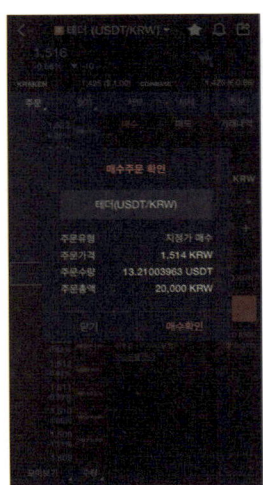
매수주문 확인

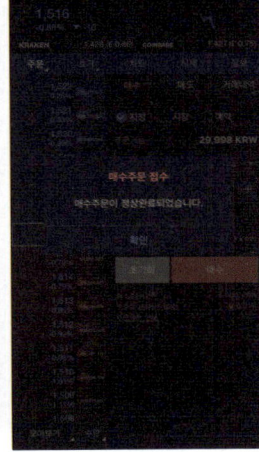
매수주문 접수

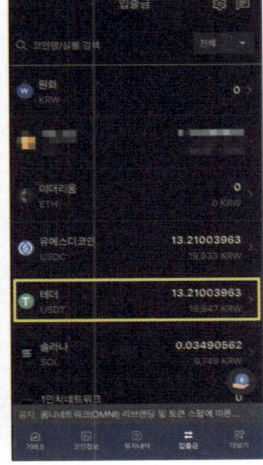
매수 완료

매수주문 내역을 확인한다. 매수주문 접수가 완료된다. 매수 주문이 체결되고 테더가 확보된다.

❼ 출금하기 – 암호화폐 전송 – 바이낸스

바이낸스 계정이 없다면, 3장 3의 해외 서비스 – 바이낸스 '계정 만들기'를 참고해 먼저 가입절차를 수행해야 한다.

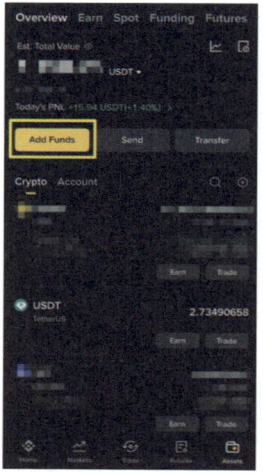
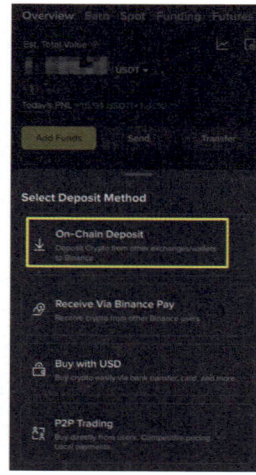
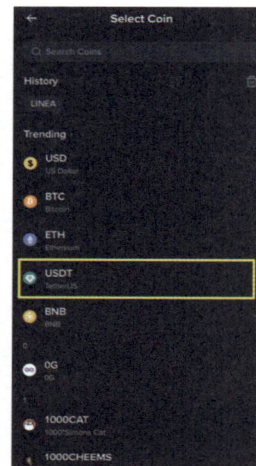

바이낸스_Asset   입금방식 선택   입금자산 선택

하단 메뉴의 'Assets_{자산목록}'를 클릭하고, 입금을 위해 'Add Funds_{자금 추가}' 버튼을 클릭한다. 입금 방식으로 블록체인 네트워크를 이용해 자산을 전송하는 'On-Chain Deposit 온체인 입금'을 선택한다. 입금 받을 자산으로 앞서 업비트에서 매수한 테더를 선택한다.

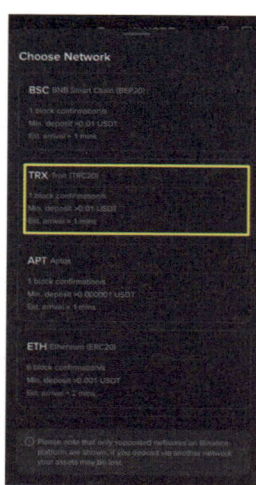
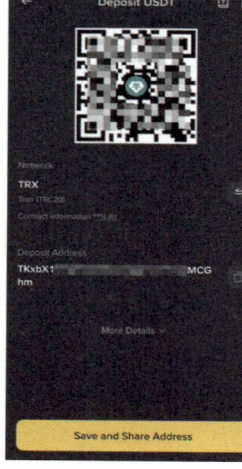

전송 네트워크 선택   입금 주소 확인

전송할 네트워크는 다양하지만, 출금하는 거래소와 입금받는 거래소에서 지원하는 네트워크여야 한다. 그리고 네트워크마다 출금 수수료와 출금 평균시간이 다르다. 현재 업비트에서 TRX_{트론} 네트워크는 수수료가 무료이기에 이를 사용한다. 입금받을 주소를 확인할 수 있고, 복사하기 버튼으로 모바일에서 쉽게 복사할 수 있다. 복사한 입금 주소는 업비트에서 사용한다.

출금하기 – 암호화폐 전송 – 업비트

보유 암호화폐 확인

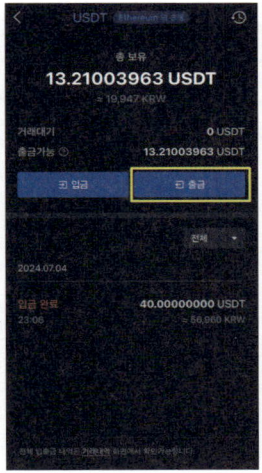
자산 상세 - 입출금

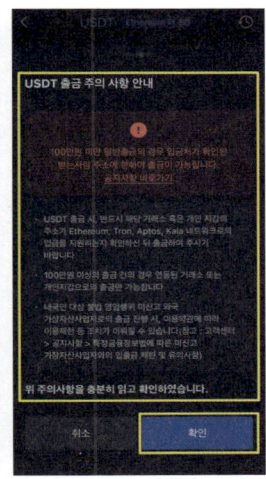
출금 주의사항 안내

업비트 화면으로 돌아와, 하단 메뉴 '입출금' 메뉴를 클릭해 보유한 암호화폐 현황을 확인한다. 그리고 출금할 '테더USDT' 를 클릭한다. '테더USDT' 자산 상세에서 '출금' 버튼을 클릭한 다. 출금 주의 사항 안내를 확인하고 '확인' 버튼을 클릭한다.

해외거래소로 옮기기

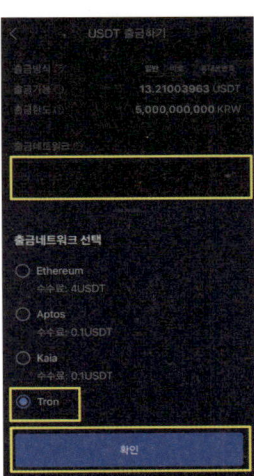
출금 네트워크 선택

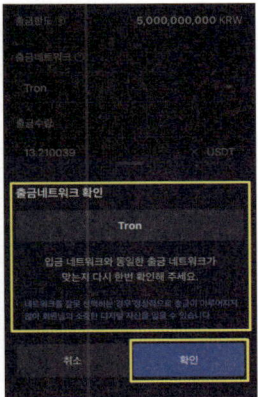

USDT 출금하기 (중앙 이미지)
출금 수량 지정

출금 네트워크 확인

출금 네트워크는 트론Tron을 선택한다. 업비트에서는 'Tron'으로 표시되고, 현재 수수료 가 무료다. (추후 서비스 업체 상황에 따라 수수료가 발생할 수도 있다.) 네트워크 선택을 완료한 후 '확인' 버튼을 클릭한다. 출금 수량을 지정하고 '확인' 버튼을 클릭한다. 앞서 선택한 출 금 네트워크가 맞는지 확인하고, '확인' 버튼을 클릭한다.

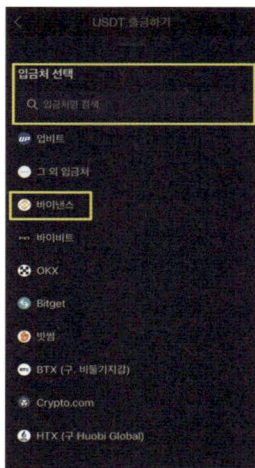
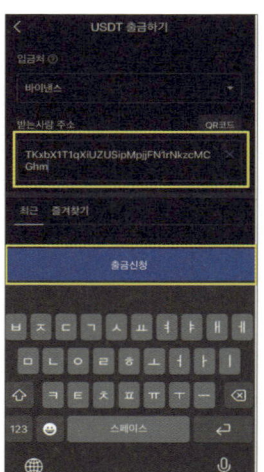
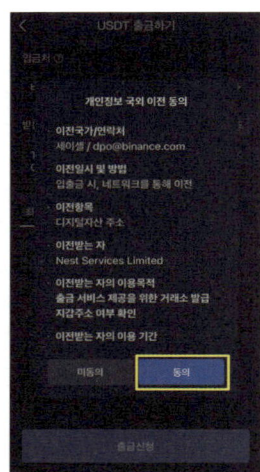

입금처 선택	입금주소 입력	개인정보 국외 이전 동의

입금처로 바이낸스를 선택한다. 입금주소는 앞서 복사한 바이낸스 입금 주소를 붙여넣기 한다. '개인정보 국외 이전 동의' 내역을 확인하고 동의함을 클릭한다.

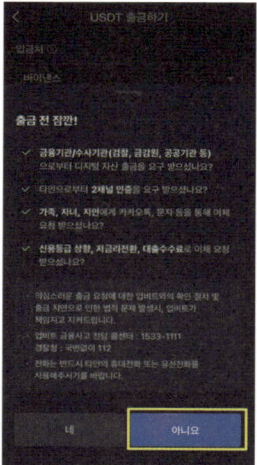
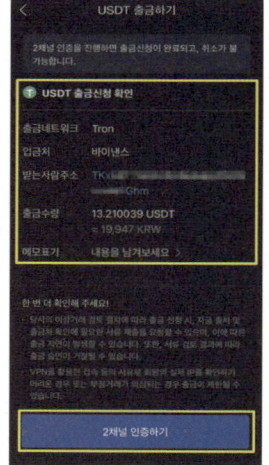
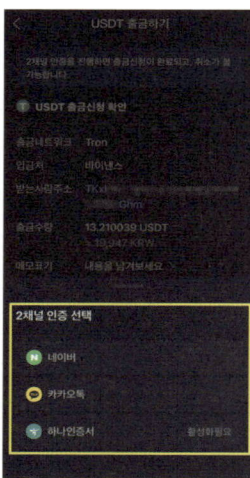

출금 전 주의사항	출금 신청 내역 확인	2채널 인증

출금 전 주의사항을 확인한다. 출금 신청 내역을 확인한다. 2채널 인증 절차를 진행한다. (진행 절차에 대한 화면은 생략했다.)

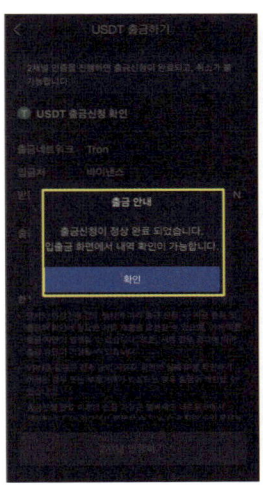

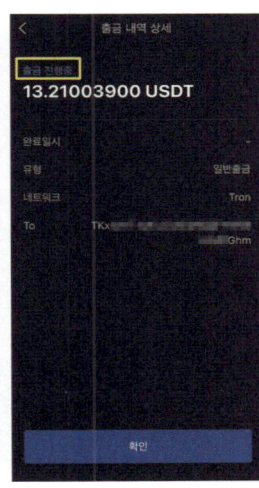

| 출금 안내 | 출금 진행 중 | 출금내역 상세 |

출금 안내로 출금 신청이 접수됨을 확인한다. 테더USDT 자산 현황에서 출금 신청 건이 진행 중임을 확인한다. 출금 내역 상세에서 출금 수량과 네트워크 그리고 받는 주소를 확인할 수 있다.

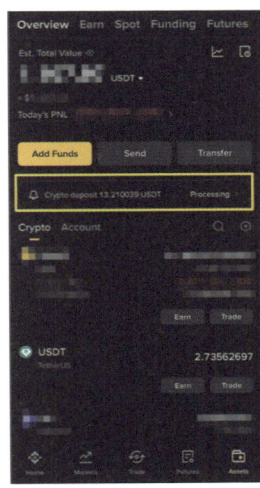
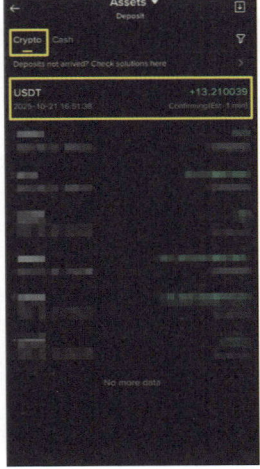
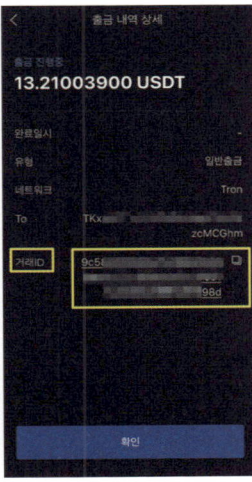

| 입금내역 접수 | 입금내역 확인 중 | 출금내역 상세 |

바이낸스에서 입금내역이 접수됨을 확인할 수 있다. 바이낸스 거래소에서 트론 네트워크의 블록을 검토해 입금내역을 확인한다. 입금내역 확정하기 위한 절차를 진행 중이다. 업비트에서는 실제 트론 네트워크에 테더USDT를 이체한다는 내역이 블록에 담겼고, 해당 거래내역을 확인할 수 있는 거래 ID를 출금내역 상세에서 확인할 수 있다.

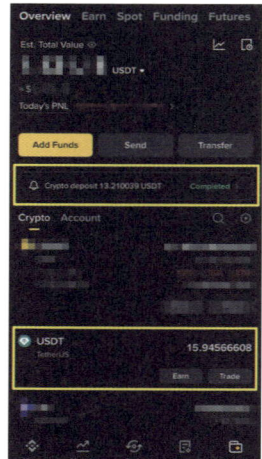

| 트론 explorer | 입금 확정 |

업비트 '출금내역 상세'에 거래 ID를 클릭하면 트론 익스플로러explorer 사이트로 이동하고, 네트워크 상에서 테더USDT 소유권이 이전전송된 거래내역을 확인할 수 있다. 바이낸스에서 해당 거래내역을 검토하는 절차가 끝났고, 최종적으로 바이낸스로 테더 입금처리가 확정된다.

스테이킹 서비스

업비트에서는 매매 이외에 다양한 서비스를 제공하고 있다. 그 중에 스테이킹 서비스 사용방법을 소개한다. 스테이킹은 투자자가 스마트 컨트랙트를 통해 일부 자산을 동결Lock 하고 네트워크 검증에 참여하면, 그에 대한 보상을 받는 것을 말한다. 이는 마치 은행 정기예금처럼 돈을 묶어 두었다가 일정 기간이 지나면 이자를 받는 것과 유사하다. 스테이킹을 신청하면 네트워크에서 시스템상으로 정해진 이율에 따라 코인을 보상으로 받는다. 다양한 스테이킹 상품 중 솔라나SOL를 스테이킹 해보자.

먼저, 스테이킹하기에 앞서 솔라나를 서비스에서 제시한 최소 수량 이상 보유해야 한다. 앞서 테더를 매수하는 방법과 동일하게 솔라나를 매수한다.

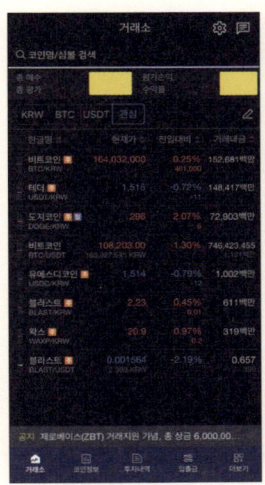
메인화면

솔라나 매수주문

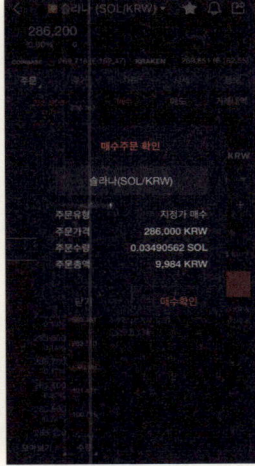
매수 주문 확인

메인화면에서 솔라나를 찾고 선택한다. 솔라나 거래화면에서, 매수 수량과 단가를 지정한 후 매수 신청한다. 매수주문 내역을 확인한다.

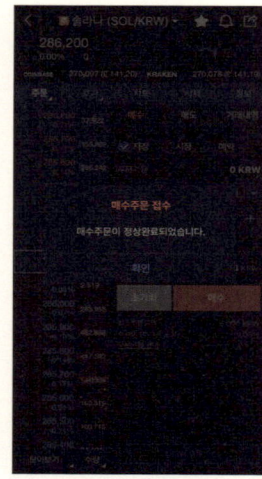

매수주문 접수   매수 완료

매수주문 내역을 확인한다. 매수주문 접수가 완료된다.

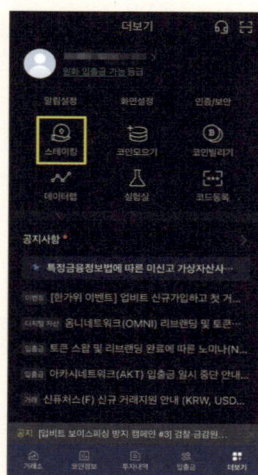
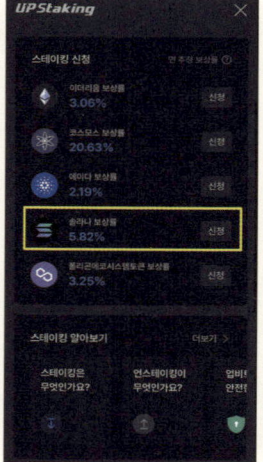
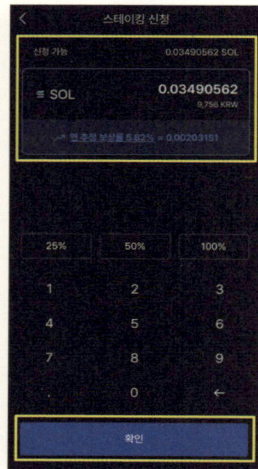

더보기_스테이킹   솔라나 스테이킹   스테이킹 수량 지정

하단 메뉴 '더보기'를 클릭하고, '스테이킹' 서비스 버튼을 클릭한다. 스테이킹 가능한 암호
화폐 리스트가 보이고, 솔라나SOL를 선택한다. 스테이킹할 수량을 지정한다.

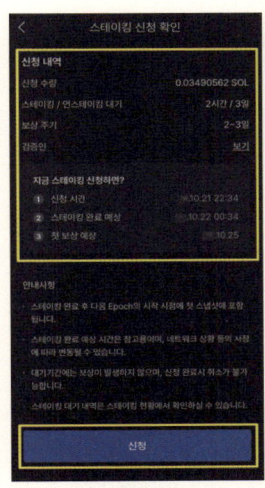
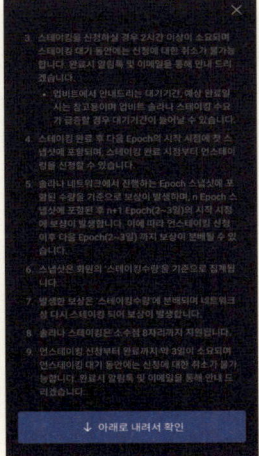
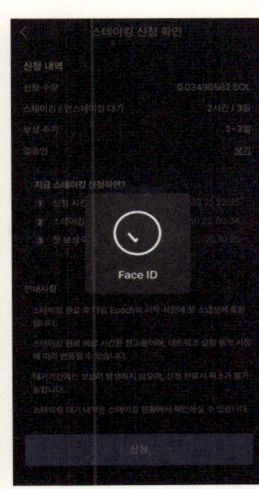

스테이킹 신청 내역 확인   스테이킹 유의사항   스테이킹 신청

스테이킹 신청 내역을 확인하고, '신청' 버튼을 클릭한다. 스테이킹 유의사항을 확인한다. 스테이킹 신청이 진행된다.

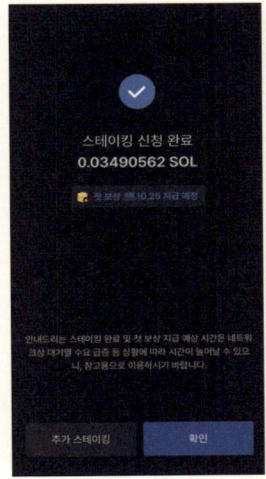

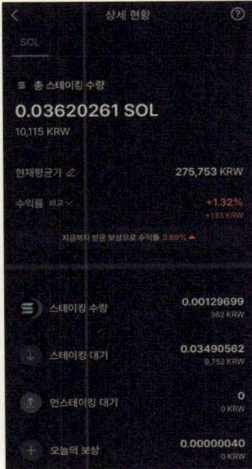

스테이킹 신청 완료   스테이킹 현황   스테이킹 상세 현황1

스테이킹 신청이 완료된다. 스테이킹 현황에서 신청내용을 확인할 수 있다. 스테이킹 상세 현황에서 현재 신청 수량이 스테이킹 대기 중이다. 다음 스테이킹 주기에 신청 수량이 스테이킹된다. 언스테이킹을 신청하면 언스테이킹 시간이 지난 후 솔라나를 자유롭게 사용할 수 있다.

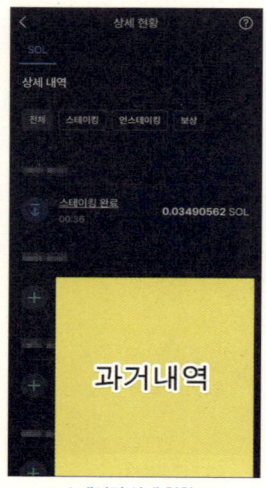
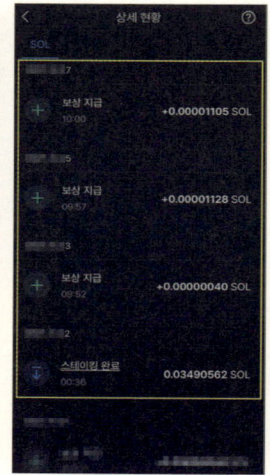
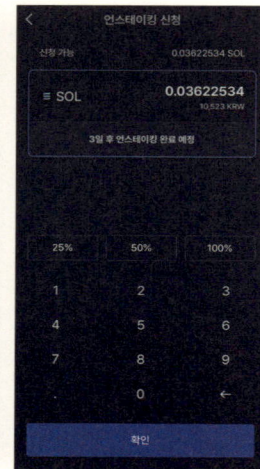

스테이킹 상세 현황2   보상 내역   언스테이킹 신청

다음 스테이킹 주기에, 솔라나가 스테이킹 상태인 것을 확인 할 수 있다. 보상 주기가 지남에 따라 솔라나 네트워크에서 지정된 이율로 보상을 제공한다. 여기서 일부를 업비트에서 수수료로 가져간다. 참고로 업비트에 수수료를 지불하지 않으려면 솔라나를 직접 (DeFi 지갑으로) 스테이킹해야 한다. 스테이킹한 솔라나는 매매 및 전송이 불가능한 상태이다. 언스테이킹 절차를 진행하고 락lock이 해제된 후 매매 및 전송이 가능해진다.

장기간 투자할 코인이라고 판단한 경우, 스테이킹을 활용하는 것은 나쁘지 않은 선택이다. 단순히 코인을 보관하는 것보다 해당 코인 생태계의 장기적인 발전 가능성을 보고 투자하는 입장이라면, 배당 투자 개념으로 접근하는 것도 좋은 방법이다.

2

국내 서비스

빗썸
Bithumb

빗썸은 대한민국 내 2위 거래소로, 업비트보다 다양하고 공격적인 글로벌 유동성 파트너십과 상장 전략으로 플랫폼을 운영하고 있다. 빗썸은 업비트에 비해 신규 코인과 토큰 상장에 상대적으로 적극적인 성향을 갖고 있다.

빗썸 서비스를 이용하기에 앞서, 원화를 빗썸에 입금하기 위한 창구로 KB국민은행 인터넷뱅킹 계좌가 필요하다. 미리 계좌를 개설하고, 원화도 입금되어 있어야 한다. 그리고 스마트폰에서 어플 다운 프로그램인 구글 플레이스토어Google Play store나 애플 앱스토어 Apple App store을 찾아 실행한다.
(※ 참고 : 책에 첨부한 사진들은 25년 하반기 기준으로, 아래 과정을 따라하는 시점상 UI-화면 생김새에 차이가 존재할 수 있다.)

Google Play store

Apple App store

플레이 스토어에서 빗썸 검색

앱 스토어 빗썸 검색

빗썸을 검색하면, 위와 같은 화면이 보이고 '설치(다운로드)'를 진행한다.

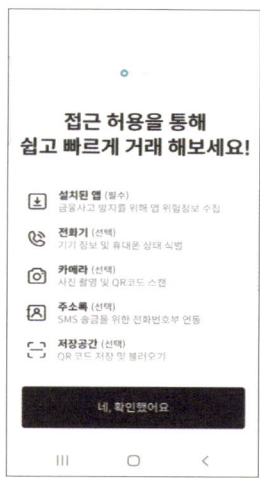

접근 권한 내용   알림 내용

어플을 실행하면 서비스 접근 권한 내용과 알림 수신 내용을 확인한 후 다음 단계로 넘어간다.

❶ 회원 가입하기

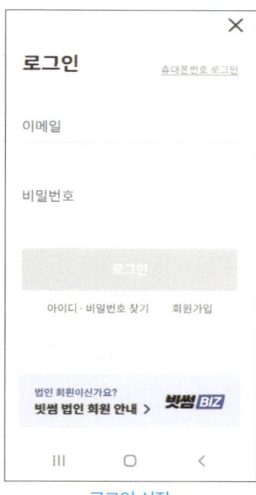

메인 화면   로그인 시작   회원가입 시작

로그인 화면에서 '회원가입' 버튼을 클릭한다. 회원가입을 시작한다.

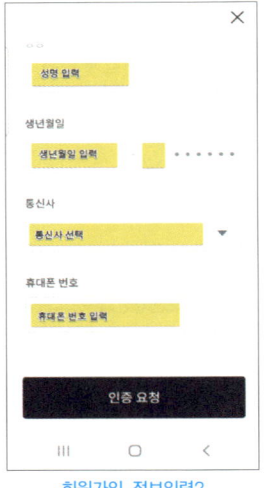

회원가입_정보입력1　　　　　회원가입_정보입력2　　　　　휴대번호 본인인증

개인정보와 휴대폰 번호를 입력하고 휴대번호 인증 절차를 진행한다.

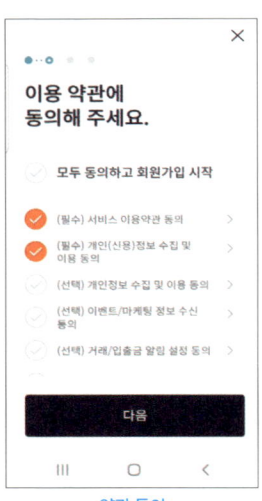

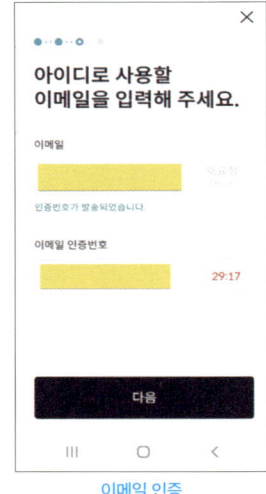

약관 동의　　　　　　　　　　이메일 인증

이용 약관에 동의함을 선택하고 '다음' 버튼을 클릭한다. 이메일을 입력하고 수신 메일에서 인증번호를 입력한다.

회원가입 완료

신규회원 이벤트

이메일 인증 후 회원가입이 완료된다. 신규고객 이벤트를 확인한다.(※ 2025년 하반기 기준, 이벤트가 없어지거나 다른 이벤트가 제공될 수 있다.)

❷ 원화 입금하기 – 고객확인 등록

고객확인 등록 시작

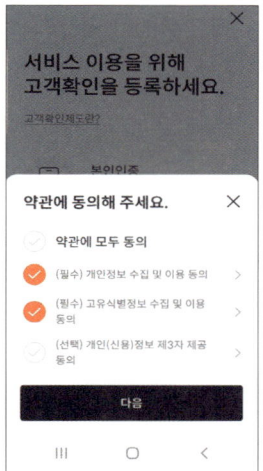

약관 동의

원화 입금 등, 서비스 이용을 위한 고객확인KYC 등록을 시작한다. 화면에 보이는 자료들을 준비한다. 약관에 동의함을 클릭하고 '다음' 버튼을 클릭한다.

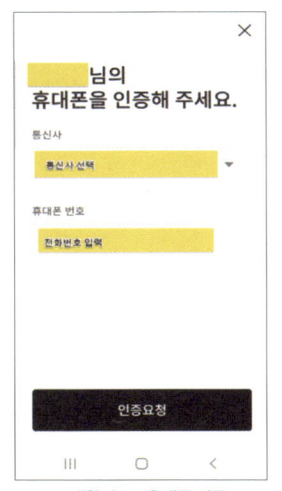

고객확인 1 - 휴대폰 인증   고객확인 1 - 약관 동의   고객확인 1 - 인증번호 입력

본인 명의의 휴대폰 가입 통신사를 선택하고, 휴대폰 번호를 입력한다. 약관 내용에 동의
함을 선택한다. 수신한 휴대폰 메시지에 인증번호를 입력한다.

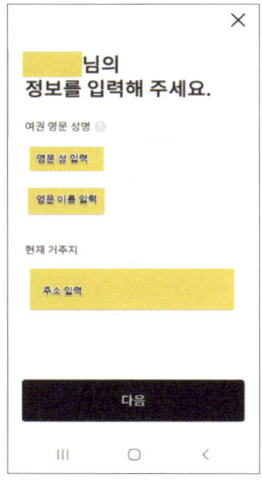

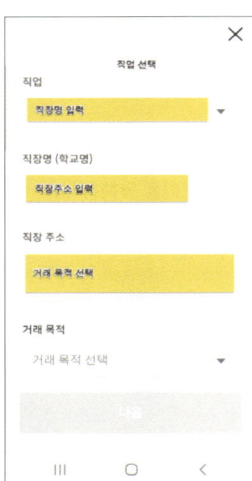

고객확인 2 - 개인정보 입력 1   고객확인 2 - 직장정보 입력 2   고객확인 2 - 직장정보 입력 3

고객확인을 위해 개인정보(여권 영문명, 주거지)를 입력한다.

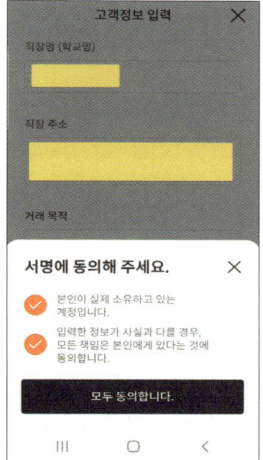

고객확인 2 - 직장정보 입력 3   고객확인 2 - 서명 동의

고객정보를 입력하고, 입력 정보 본인 확인에 대한 서명에 동의함을 선택한다.

고객확인 3 - 신분증 인증 1   고객확인 3 - 신분증 인증 2

신분증 인증을 시작한다. 안내에 따라 신분증 정보를 입력한다.

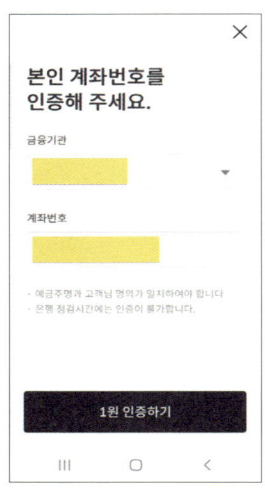
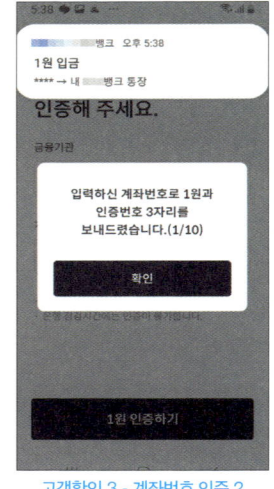
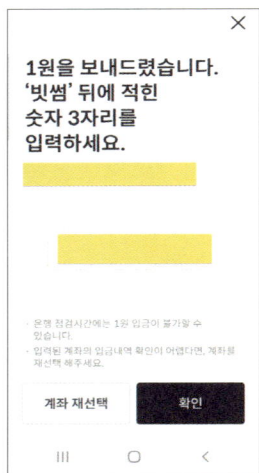

고객확인 3 - 계좌번호 인증 1 · 고객확인 3 - 계좌번호 인증 2 · 고객확인 3 - 계좌번호 인증 3

계좌번호 인증을 시작해 본인명의 금융기관과 계좌번호를 입력한다. 입금 내역을 확인하고 인증번호를 입력한다.

❸ 원화 입금하기 – 입출금 계좌 등록

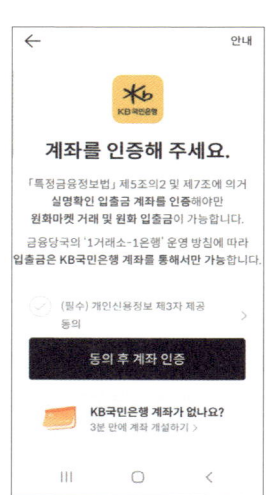

고객확인 4 계좌 연결 1 · 고객확인 4 계좌 연결 2 · 고객확인 4 계좌 연결 3

원화 입금 계좌 등록을 위해, 하단 '계좌 연결' 버튼을 클릭한다. 계좌 인증을 위한 약관 동의함을 선택한 후 '동의 후 계좌 인증' 버튼을 클릭한다. KB국민은행 계좌번호를 입력하고 약관 동의함을 선택한다.

인증수단 선택

인증 완료

계좌 인증 및 신청 완료

KB국민인증서 또는 ARS 인증 중 편한 방법으로 인증 절차를 진행한다.(※ 인증서 실행 과정은 생략한다.) 인증 절차가 완료된 후 원화 입출금이 가능해진다.

메인 화면

원화 입금하기

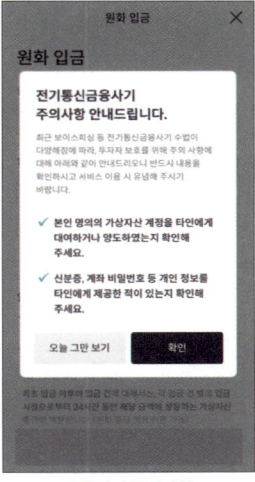

금융사기 주의사항

원화 입금을 위해 메인 화면 하단에 있는 '입출금' 메뉴를 클릭한다. '전기통신금융사기 주의사항 안내' 문구를 확인하고 '확인' 버튼을 클릭한다.

원화 입금 화면

원화 입금 정보

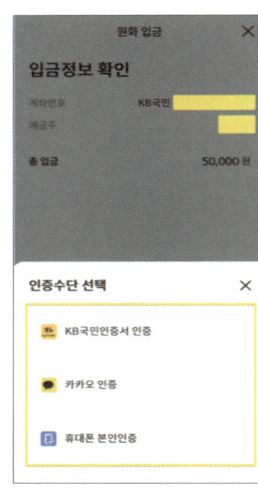
인증수단선택

연결된 KB국민은행로부터 입금할 금액을 입력한다. 입금 정보를 확인한 후 '인증요청'을 클릭한다. 여러 인증 수단이 보이고, 인증 진행 절차는 생략한다. 본 과정에서는 카카오 인증 수단을 선택했다.

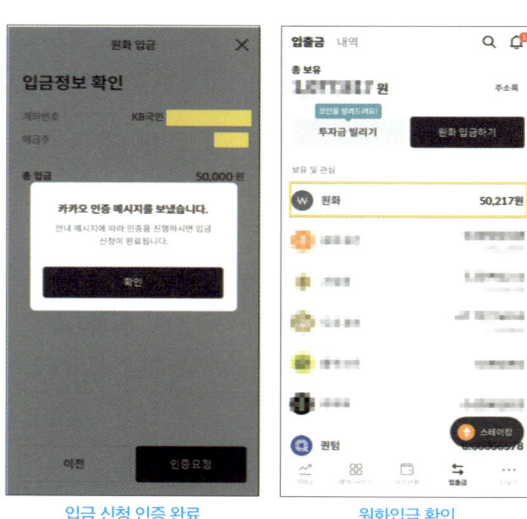
입금 신청 인증 완료   원화입금 확인

인증이 완료되고, 원화가 입금된 상태를 확인 할 수 있다.

❹ 거래하기 – 암호화폐 매수

입금된 원화로 암호화폐 매수가 가능하다. 범용적인 목적으로 사용할 수 있는 스테이블 코인을 구매한다. 아래 안내는 스테이블 코인 중 테더USDT를 매수하는 과정이다.

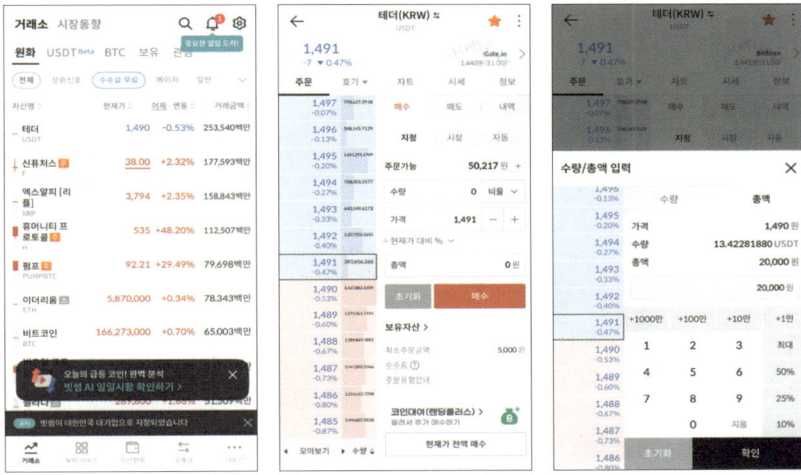

거래소 메인 화면　　　테더 마켓 선택　　　주문 내역 설정

하단 메뉴에서 '거래소'를 선택한 후, '테더(USDT/KRW)' 마켓을 선택한다. 주문 총액을 지정한 후, '확인' 버튼을 클릭한다.

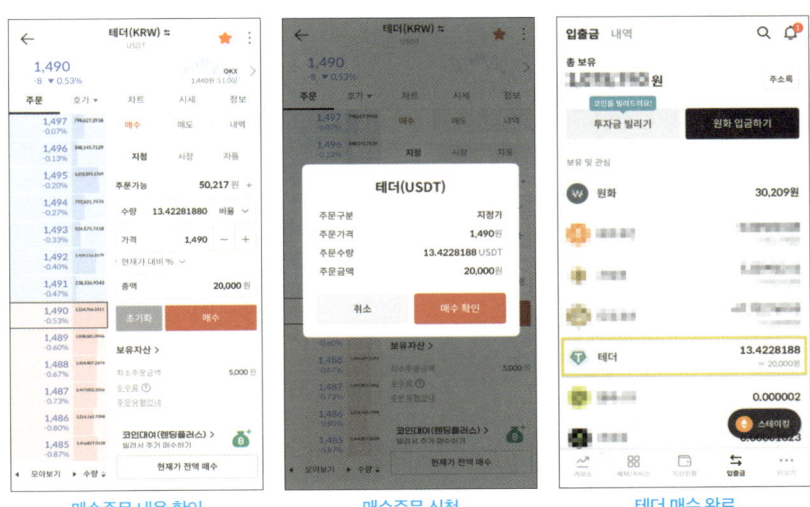

매수주문 내용 확인　　　매수주문 신청　　　테더 매수 완료

매수주문 내역을 확인한 후, '매수' 버튼을 클릭한다. 주문 신청내역을 확인하고, '매수확인' 버튼을 클릭한다. 매수 신청이 접수된다. 매수 주문이 체결되고 테더를 확보한다.

❺ 출금하기 – 암호화폐 전송 – 오케이엑스OKX

오케이엑스OKX 계정이 없다면, 3장 4의 해외 서비스 - 오케이엑스 '계정 만들기'를 참고해 먼저 가입 절차를 수행해야 한다.

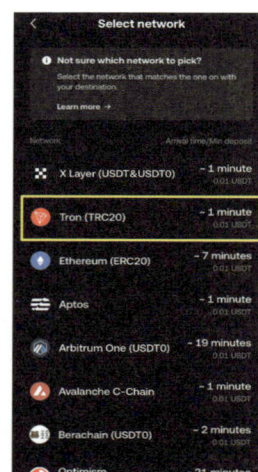

오케이엑스 메인화면   입금받을 자산asset 선택   입금받을 자산asset 선택

오케이엑스 메인화면에서 'Deposit crypto크립토 입금' 버큰을 클릭한다. 'Select asset자산 선택' 화면에서 입금받을 자산으로 '테더USDT'를 선택한다. 'Select network네트워크 선택' 화면에서 사용할 네트워크를 'Tron(TRC20)'을 선택한다. 빗썸에서도 트론Tron 네트워크 이용시, 현재 테더USDT 출금 수수료가 무료다.(추후 서비스 업체 상황에 따라 수수료가 발생할 수도 있다.)

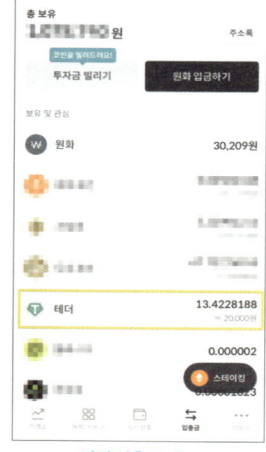

입금 주소 복사   빗썸 입출금 메뉴   USDT 입출금

입금 주소를 복사하고, 빗썸 화면으로 넘어간다. 빗썸 화면 하단에 '입출금' 메뉴를 선택한 후, '테더USDT'를 클릭한다. 'USDT테더 입출금' 화면에서 '출금하기'를 클릭한다.

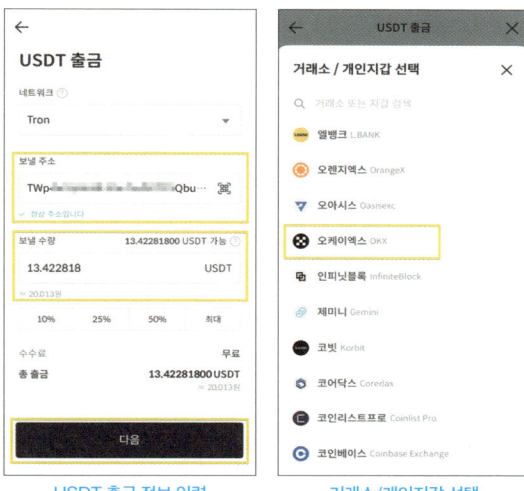

USDT 출금 정보 입력   거래소/개인지갑 선택

'USDT 출금' 정보 입력 화면에서 보낼 주소로 OKX에서 복사한 입금 주소를 붙여넣기 한다. 그리고 보낼 수량을 지정하고 화면 하단에 '다음' 버튼을 클릭한다. '거래소/개인지갑 선택'에서 '오케이엑스OKX'를 선택한다.

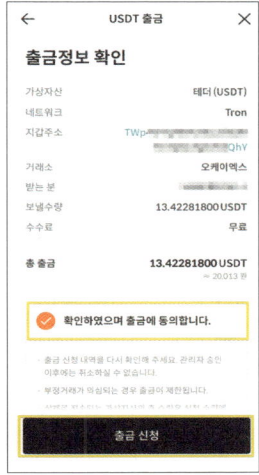

추가정보 입력1   추가정보 입력2   출금정보 확인

추가정보로 수령자 정보(여권 영문명도 무방)를 입력하고, 본인의 OKX 계정인 경우 '내 정보 입력'을 클릭한다. 추가 정보를 입력 후 하단에 '다음' 버튼을 클릭한다. 출금정보를 확인 후, '출금에 동의'함을 체크하고 '출금 신청' 버튼을 클릭한다.

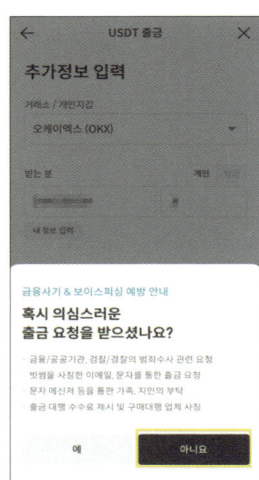
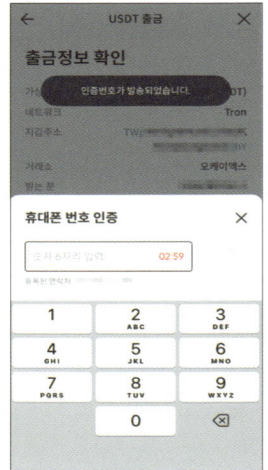
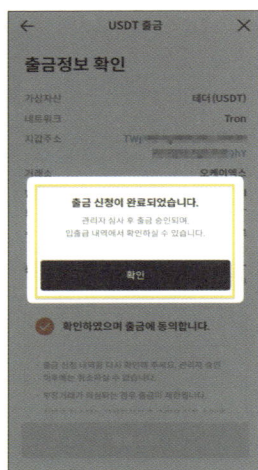

금융사기 예방 안내 확인	휴대폰 번호 인증	인증 확인 후, 출금 신청

 금융사기 및 보이스피싱 예방을 위한 안내 문구를 확인 후, 문제가 없다면 '아니요' 버튼을 클릭한다. 휴대폰 번호 인증 화면에서 수신문자의 인증번호를 입력한다. 출금 신청이 완료된다.

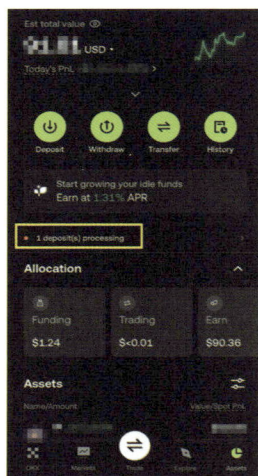

테더(USDT) 출금내역	테더(USDT) 출금 중	오케이엑스 USDT 입금 인식

빗썸에서 테더USDT 출금이 진행 중이고, '출금내역'에서 확인이 가능하다. 일정 시간이 지난 후, 오케이엑스에서도 USDT 입금을 인식한다. 그리고 '1 deposit(s) processing진행중인 출금 1건'을 클릭한다.

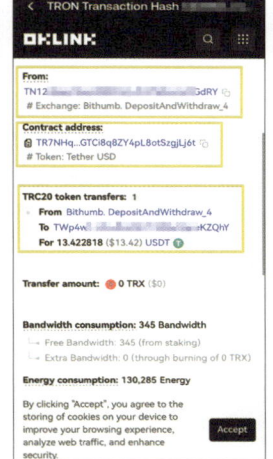

입금 진행 상태   트론 explorer   입금 처리 완료

오케이엑스에서 빗썸 플랫폼에서 전송한 테더USDT 입금 내역을 인식하고 처리하는 것으로, 하단 '블록체인 익스플로러에서 보기View on blockchain explorer'를 클릭한다. 트론 익스플로러가 열리고, 전송에 사용했던 트론Tron 네트워크 블록체인에서 거래내역을 확인할수 있다. 오케이엑스에서 해당 거래내역에 대한 검토 절차가 끝나고, 입금 완료된 것을 확인할 수 있다.

자유형 스테이킹

빗썸에서는 매매 이외에 다양한 서비스를 제공하고 있다. 그 중에서 자유형 스테이킹 서비스를 사용방법을 소개한다. 자유형 스테이킹은 가상자산이 매매나 출금이 제한되지 않고 이자 보상을 받는 서비스로 파킹통장에서 이자를 받는 시스템과 유사하다. 여기서는 다양한 자유형 스테이킹 상품 중 '왁스WAXP'를 자유형 스테이킹 해보자.(※ 왁스를 보유하는 과정은 생략한다.)

스테이킹

자유형 스테이킹

왁스 스테이킹 현황

하단 메뉴에서 '혜택/서비스'를 선택하고, 페이지 아래 쪽에 '스테이킹'을 클릭한다. '자유형' 스테이킹 중 왁스의 최소 수량과 연이율을 확인한다.(참고로 고정형 스테이킹은 업비트에서 소개한 스테이킹과 구조상 동일한 서비스다.) 보유한 왁스WAXP가 있다면 자동으로 자유형 스테이킹 서비스에 참여된다.

보상 발생

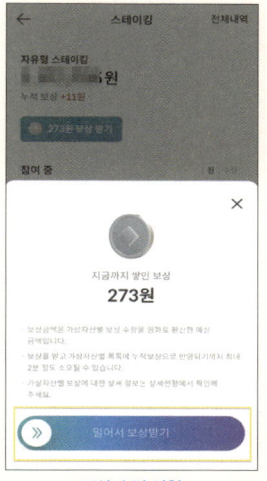

보상 수령 신청

지정된 기간이 지나고 보상이 발생한다. '보상 받기' 버튼을 클릭한다. 보상내역을 확인하고 보상 수령 신청을 한다.

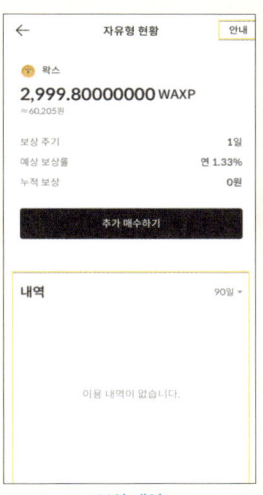

보상 내역

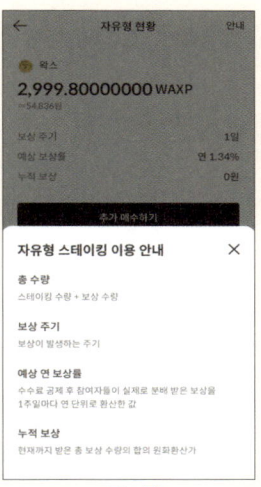

이용 안내

왁스를 클릭하면 보상내역을 확인할 수 있다. 보상이 바로 발생하진 않는다. '안내'를 확인하면 1주일 단위로 보상이 발생함을 확인할 수 있다.

자유형 스테이킹은 자산을 동결하지 않고도 소액의 이자 수익을 얻고 싶은 투자자가 이용할 수 있는 서비스다. 트레이딩 중 손절하지 못해 어쩔 수 없이 장기 보유 중인 자산이라면, 예기치 못한 변동성으로 가격이 급등하는 구간에 매도할 필요가 있다. 반면 고정형 스테이킹으로 일정 기산 자산을 동결해두면 원하는 시점에 매도할 수 없다. 그렇다고 아무런 보상 없이 자산을 보유하는 것도 비효율적이다. 자유형 스테이킹을 활용하면 소량의 보상을 받으면서도 매도 타이밍을 자유롭게 조정할 수 있다.

3

해외 서비스

바이낸스
Binance

바이낸스는 전 세계 거래량, 유저 수, 유동성 점수에서 압도적 1위를 차지하는 CeFi의 대표 플랫폼이다. 플랫폼 내에 스팟Spot, 퓨처스Futures, 언Earn 등 다양한 서비스를 제공하고 자체 토큰 BNB를 통해 생태계를 확장했다.

핸드폰에서 어플 다운 프로그램인 구글 플레이스토어Google Play store나 애플 앱스토어 Apple App store을 찾아 실행한다.
(※ 참고 : 책에 첨부한 사진들은 25년 하반기 기준으로, 아래 과정을 따라하는 시점상 UI-화면 생김새에 차이가 존재할 수 있다.)

Google Play store   Apple App store

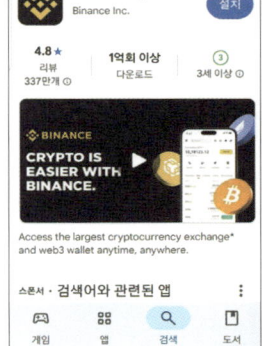

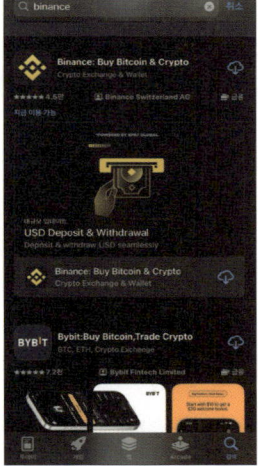

플레이 스토어에서 바이낸스 검색   앱 스토어 바이낸스 검색

바이낸스를 검색하면, 위 와같은 화면이 보이고 '설치(다운로드)'를 진행한다.

❶ 계정 만들기 – 바이낸스 회원 가입하기

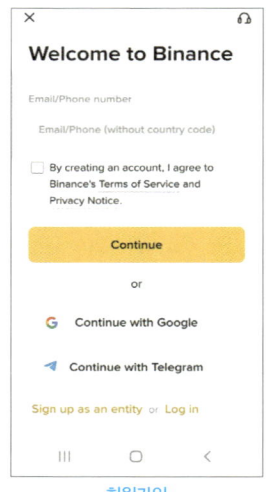

바이낸스 어플 첫시작 화면   회원가입   gmail로 가입

어플을 실행하면 시작화면이 나온다. 신규 가입이니 'I'm new to crypto'를 클릭한다. 이미 계정이 있다면 로그인을 진행하고, 그렇지 않다면 회원가입을 진행한다. 본 과정에서는 'Continue with Google구글로 계속'로 회원가입을 진행하고 이를 권장한다. 지메일gmail 계정을 선택해 회원가입을 진행한다.

❷ 계정 만들기 – 로그인 하기

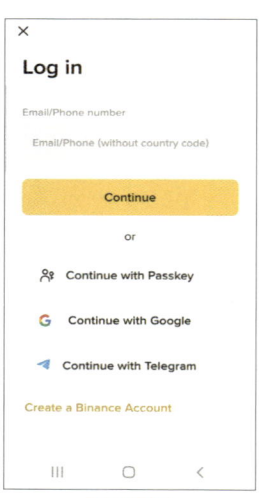

로그인 화면   지메일 선택

'Continue with Google구글로 계속'을 통해 로그인 절차를 진행한다.

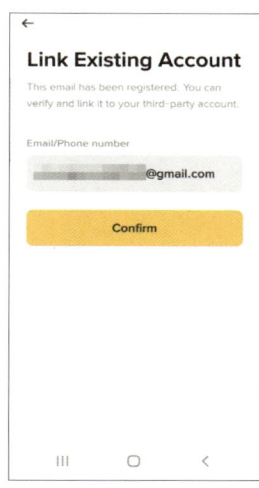

| 계정 연결 | 비밀번호 입력 |

로그인할 지메일 계정을 선택하고, 서비스에 연결된 계정 이메일을 확인한다. 그다음 비밀번호를 입력한다.

❸ 계정계정 만들기 – 고객확인(KYC)

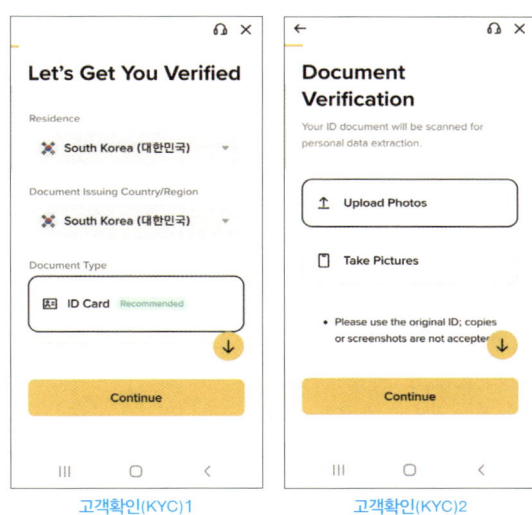

| 고객확인(KYC)1 | 고객확인(KYC)2 |

본인 인증할 신분증을 선택한다. 사전에 찍은 신분증 사진을 업로드한다.(업로드 과정은 서비스 정책상 화면 저장이 불가능함, 서비스 안내에 따라 사진을 업로드하면 된다.)

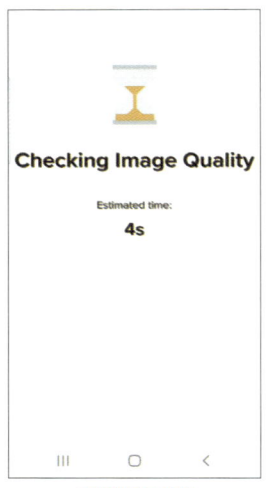

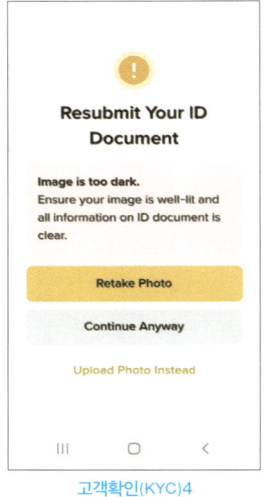

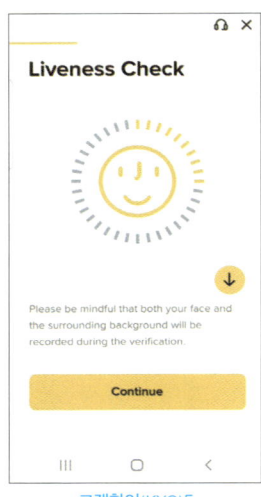

고객확인(KYC)3   고객확인(KYC)4   고객확인(KYC)5

업로드한 이미지를 검사한다. 검사 결과 이미지를 다시 업로드해야 할 수 있다. 검사 결과 문제가 없다면, 'Liveness Check실시간 안면 인식'를 진행한다. 안내 사항을 따라 진행하면 된다.

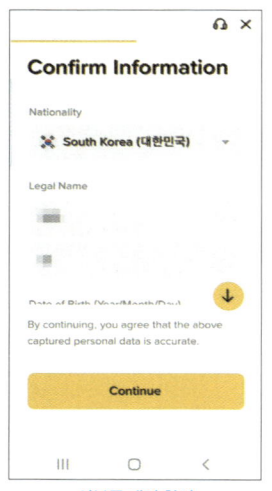

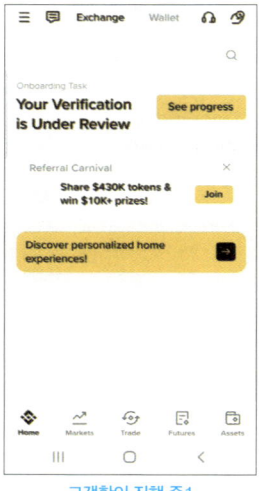

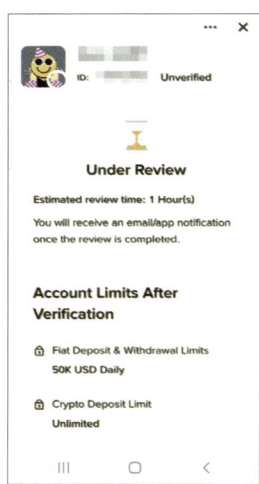

신분증 내역 확인   고객확인 진행 중1   고객확인 진행 중2

제출한 신분증 내역이 맞는지 확인하고, 문제가 없다면 'Continue' 버튼을 클릭한다. 서비스 메인화면에 'Your Verification is Under Review고객 확인이 진행 중'이라는 구문이 보인다. 'See progress과정 보기' 버튼을 클릭한다. 고객 확인이 진행 중이고 아래 'Account Limits After Verification계정 사용 제한 사항'에서 확인할 수 있다. 고객 확인이 완료된 후 서비스를 이용할 수 있다.

❹ 테더 입금하기

업비트를 통해 테더를 입금받는 과정은 앞서 설명한 3장 1의 국내 서비스 - 업비트 '출금하기 - 암호화폐 전송' 절차를 따라한다.

❺ 현물(SPOT) 거래하기

'Spot'은 '즉시의, 현물의'라는 뜻의 영어 단어로, 현물spot 거래는 암호화폐 현물을 거래소에서 구매하는 것을 말한다. 이전 과정을 통해 바이낸스 계정에 입금한 테더USDT를 가지고 BTC 현물을 매매할 수 있다.

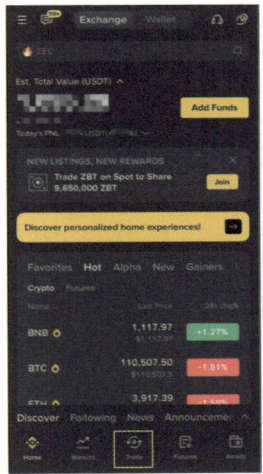

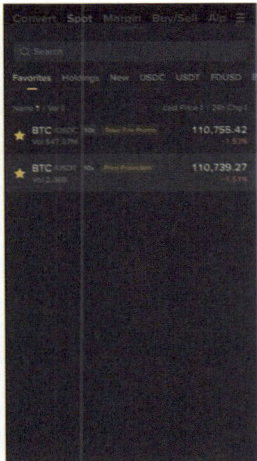

메인화면   Trade   마켓 선택

현물 거래를 하기 위해, 메인화면에서 하단 메뉴 중 'Trade'를 클릭한다. 상단 메뉴 중 'Spot현물'을 클릭하고, 'Trade' 화면에서 보이는 것처럼 'BTC/USDT'를 클릭해 마켓을 선택할 수 있다. 다른 마켓이 선택되어 있다면, Spot 마켓에서 BTC/USDT 마켓을 찾아 선택한다.

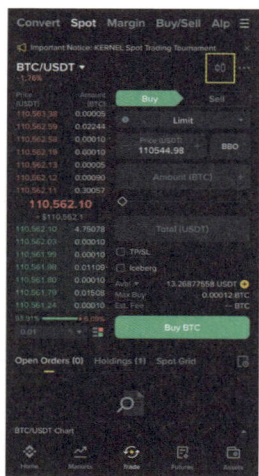

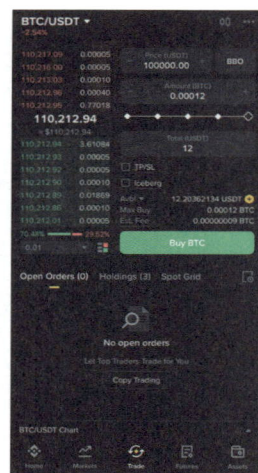

BTC/USDT Spot 마켓 　　BTC/USDT Spot 차트 　　218 BTC/USDT 매수 주문

'BTC/USDT Spot 마켓' 화면에서 차트를 확인하려면, 우측 상단에 캔들 아이콘을 클릭
한다. 캔들 차트가 보이고, 거래량 및 가격 등 여러 보조 지표를 확인할 수 있다. 테더USDT
로 BTC를 구매하기 위해 구매 수량과 갯수를 정하고 화면 하단에 'BUY BTC' 버튼을 클
릭한다.

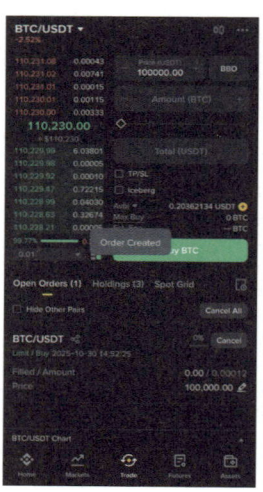
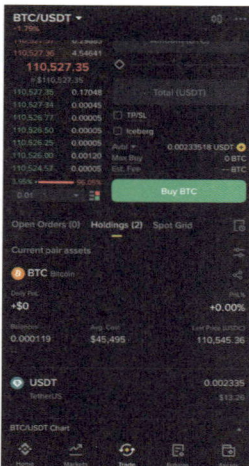

BTC 매수 신청 　　　　　　BTC 매수 완료, 자산 현황

BTC 매수 신청이 되었고, 체결될 때까지 기다려야 한다. 체결이 완료되고, 'Holding보유
중'에서 확인이 가능하다.

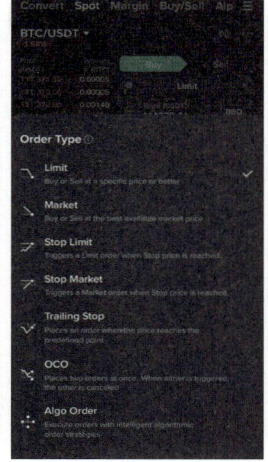

| BTC 매도 주문 | 주문방식 선택 | BTC 매도 신청 |

BTC 매도 주문을 설정한다. 주문 유형은 'Limit지정가 주문', 'Market시장가 주문', 'Stop Limit스탑 리밋 주문, 지정가 도달 시 자동 주문', 'Stop Market스탑 마켓 주문, 지정가 도달 시 시장가로 자동 주문', 'Trailing Stop트레일링 스탑 주문, 가격 상승 시 손절선 따라 자동 주문하는 '이동식 스탑' 방식', 'OCOOne Cancels Other, 리밋 테이크 프로핏과 스탑(손절) 주문을 동시에 넣고, 둘 중 하나가 체결되면 나머지는 자동 취소', 'Algo Order알고리즘 주문, 특정 알고리즘(TWAP, VWAP 등)으로 여러 건의 주문이나 조건-시간을 조합한 자동 주문' 등이 있지만, 원하는 가격을 직접 설정해서 매수 또는 매도하는 'Limit'을 사용할 것을 권장한다. 매도 주문이 완료되고 시장 상황에 따라 체결된다.

⑥ 선물future 거래하기

선물 거래는 암호화폐를 실물로 직접 소유하지 않고, 특정 시점에 정해진 가격에 거래하기로 약속하는 계약(파생상품)을 매매하는 투자 방법이다. 거래를 위해서 증거금(담보)이 필요하고, 사전에 입금한 테더USDT를 증거금으로 사용할 예정이다.

선물거래는 롱Long, 매수. 가격이 올라야 수익 혹은 숏Short, 매도. 가격이 떨어져야 수익 포지션으로 진입이 가능하다. 그리고 증거금에 대해서 100배 이상의 레버리지 설정이 가능하며, 적은 금액으로도 많은 수량의 포지션 진입이 가능하다. 하지만 높은 레버리지를 설정한 만큼 작은 가격 변동 폭에도 증거금이 청산될 리스크가 높아진다.

초보자들은 10배 이하의 낮은 레버리지를 사용할 것을 권장하고, SPOT 상품과 결합하여 리스크를 해지하는 방법으로 선물거래를 이용하는 것이 안전하다.

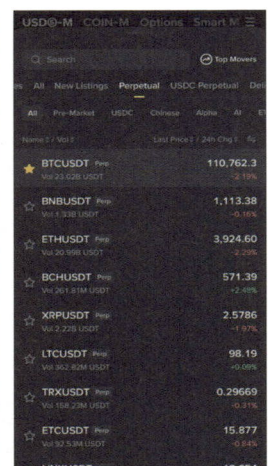

Futures 　　　　　　　　　　　　 마켓 선택

선물 거래를 하기 위해, 메인화면에서 하단 메뉴 중 'Futures선물'를 클릭한다. 최초 선물 거래를 하는 경우, 선물시장에 대한 교육 안내를 숙지하고 관련 퀴즈를 풀어야 해당 서비스를 사용할 수 있다. 상단 메뉴 중 'USDs-M'을 클릭하고, 'Futures' 화면에서 보이는 것처럼 'BTCUSDT'를 클릭해 마켓을 선택할 수 있다. 다른 마켓이 선택되어 있다면, '퍼페추얼Perpetual, 무기한 선물 마켓'에서 'BTCUSDT' 마켓을 찾아 선택한다.

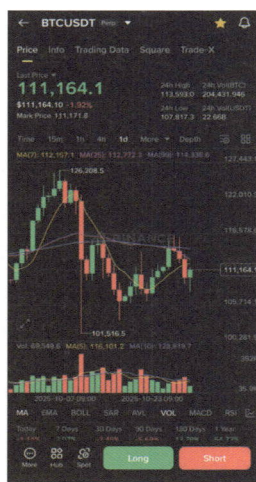

BTCUSDT 선물 마켓 　　　　　　　 BTCUSDT 선물 차트

BTCUSDT 퍼페추얼 마켓 화면이 보이고, 우측 상단의 캔들 아이콘을 클릭한다. 캔들 차트가 보이고, 거래량 및 가격 등 여러 보조 지표를 확인할 수 있다. 테더USDT를 증거금으로 BTC 선물 거래 포지션을 잡을 수 있다. 롱Long 혹은 숏Short 버튼을 클릭한다.

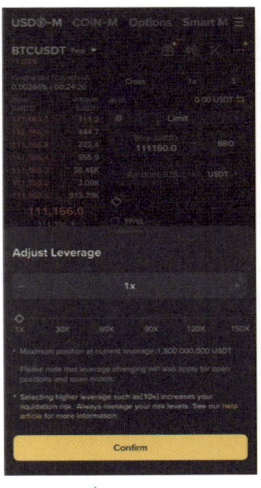

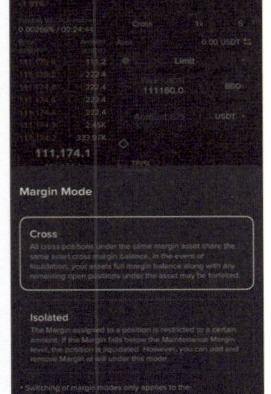

Leverage   Asset Mode   Margin Mode

배율 선택은 거래자의 증거금에서 더 큰 거래 포지션을 만들 수 있도록 한다. 예를 들어, 10x 레버리지 선택 시 100만원으로 1000만원 어치 포지션 진입이 가능하게 한다. '싱글-에셋 모드Single-Asset Mode'는 각 거래상예를 들어 BTCUSDT의 증거금마진을 해당 자산USDT으로만 관리한다. 예를 들어, BTCUSDT 포지션의 마진은 테더USDT로만 예치-청산한다. '멀티-에셋 모드Multi-Assets Mode'는 여러 지원 자산을 한 번에 증거금 풀로 관리한다. 전체 자산을 공동 증거금으로 활용 가능하다. 이번 과정에서는 'Single-Asset Mode'를 사용한다.

'Cross교차 모드'는 선물 계정의 전체 잔고를 모든 오픈체결된 포지션에 함께 사용하게 되어, 손실이 발생할 때 잔고 전체가 포지션을 유지에 사용될 수 있다. 하지만 한 포지션이 손실되면 계좌 전체가 청산될 수 있다. 'Isolated격리 모드'는 각 포지션 별 고정된 증거금만 사용하며, 해당 포지션에 할당된 증거금만 청산 리스크가 한정된다. 이번 과정에서는 손실 제한이 가능한 'Isolated 모드'를 사용한다.

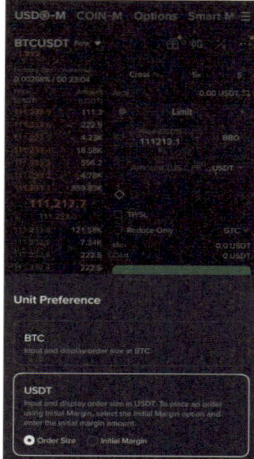

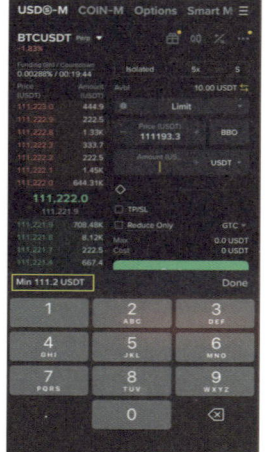

Unit Preference   최소 증거금

'단위 선호도Unit Preference'는 주문 수량과 포지션 크기를 선택할 단위를 정하는 기준을 말한다. 이 과정에서는 테더USDT를 증거금으로 사용하기 때문에 테더USDT를 선택한다. 주문 수량을 입력할 때, 최소 증거금을 확인할 수 있다. 현재, 선물 잔고가 없는 상태로 잔고를 이체Transfer해야 한다.

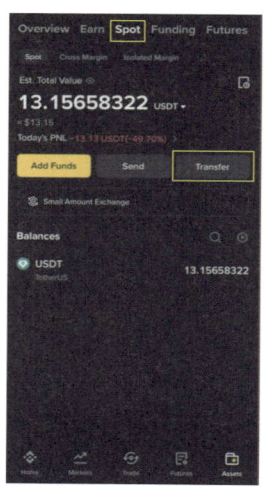

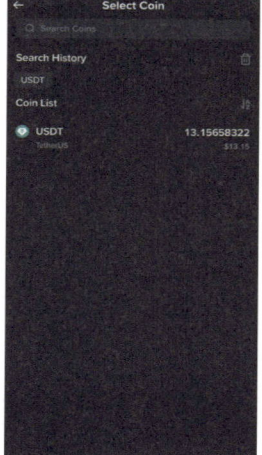

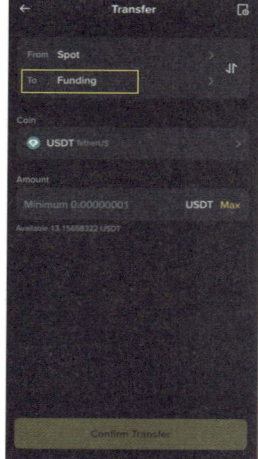

Spot 잔고   전송 자산 선택   계좌 선택

하단 메뉴의 'Assets자산목록'을 선택하고, 상단에 'Spot현물'을 클릭해 Spot 계좌 현황을 확인한다. 선물Futures 계좌로 테더USDT를 보내기 위해 'Transfer이체' 버튼을 클릭한다. 전송Transfer할 자산으로 테더USDT를 클릭한다. Spot에서 Futures선물로 전송하기 위해, 'To' 영역을 클릭한다.

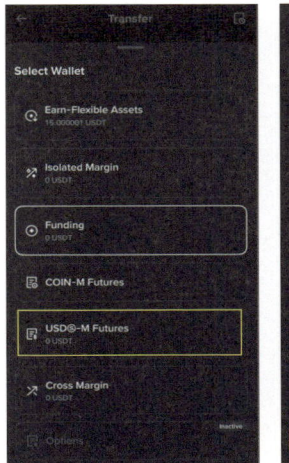

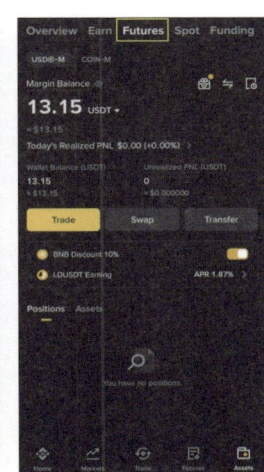

| USDs-M Futures 선택 | 전송 수량 지정 | Futures 잔고 |

전송받을 계좌로 'USDs-M Futures'를 선택한다. 전송 금액을 지정하고 하단에 'Confirm Transfer이체 확인'를 선택한다. 상단 'Futures선물' 계좌를 클릭해 옮겨진 테더 USDT를 확인한다.

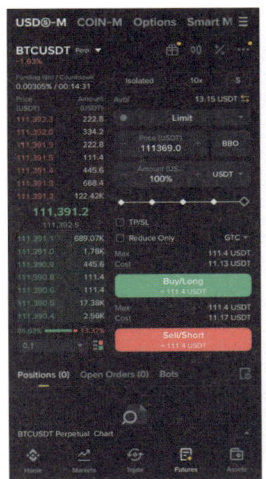
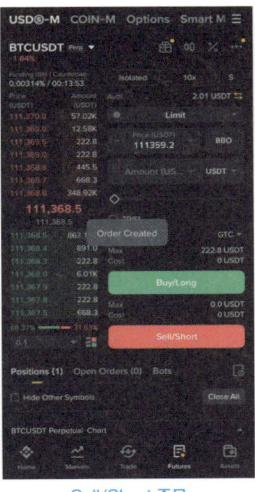

| 배율 10x 증거금 설정 | Sell/Short 주문 | Sell/Short 포지션 확인 |

현재 증거금으로는 주문이 불가능하며, 최소 증거금 이상으로 설정하기 위해 '10x'로 레버리지를 설정한다. 시장 상황을 스스로 판단하고 포지션(롱Long 혹은 숏Short)을 선택한다. 현 과정에서는 숏을 선택했다. 주문한 숏 포지션을 확인할 수 있다.

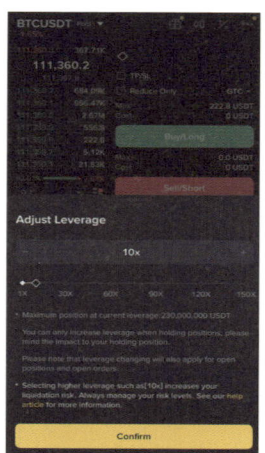

레버리지 조정   포지션 관리   포지션 현황

현재 포지션에서 레버리지 조정이 가능하지만, 이번에는 사용하지 않는다. 'TP_{Take Profit}'
는 '지정가 익절'로 미리 설정한 목표 수익 가격에 도달하면 자동으로 청산되어 이익을 확
정하고, 'SL_{Stop Loss}'는 '지정가 손절'로 미리 설정한 손실 한도 가격(손절)에 도달하면 자
동으로 청산되어 과도한 손실을 방지한다. 또 '트레일링 스톱_{Trailing Stop}'은 시장 가격이 내
포지션에 유리하게 변하면, 익절/손절 기준이 시장 가격을 일정 비율 금액만큼 자동으로
따라가면 올라간다. 반대로 가격이 불리하게 움직일 때는 스톱 가격이 고정되어, 조정 없
이도 이익을 극대화하면서 손실을 제한할 수 있다. 이익은 늘리고, 손실은 제한하는 전략
에 효과적인 설정이다.

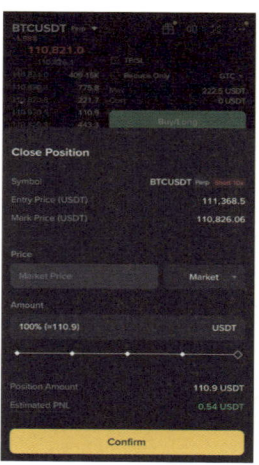
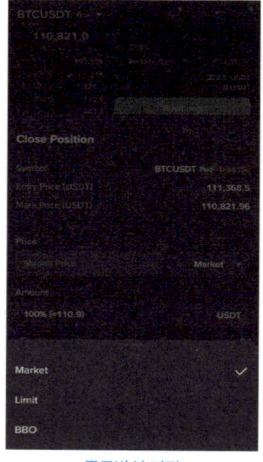

청산(Close) 설정   주문방식 지정   포지션 정리 완료

수익 또는 손실 중인 포지션에서 현재 포지션을 정리하기 위해 'Close_{청산}' 버튼을 클릭
한다. 'Close Position'에서 주문 지정 방식은 3가지가 있다. 'Market_{시장가}'과 'Limit_지
_{정가}'은 앞서 이미 설명하여 넘어간다. 'BBO_{Best Bid Offer, 최적 매수/매도 호가}'는 주문 시점에
오더북상에 존재하는 가장 유리한 가격을 자동 적용하는 방식이다. 빠르게 오더북 상의
1~5위 가격을 잡아 체결 가능성이 높고, 활성화된 시장에서 매우 유용하다. 이번에도
'Limit'을 이용해보자. 이로써 포지션 정리가 완료된다.

언Earn 서비스 이용하기

바이낸스에서는 매매 이외에 다양한 서비스를 제공하고 있다. 그 중에서 언Earn 서비스 사용방법을 소개한다. Earn 서비스는 단순히 예치한 암호화폐 자산을 다른 유저들 마진 Margin이나 대출Loans, 또는 PoS 스테이킹을 통해 발생된 이자 보상분을 제공하는 서비스이다. 장점은 특정기간 동안 자산이 동결되지 않고 파킹통장처럼 자유롭게 매매나 이체를 바로 할 수 있는 상태로 이자를 받을 수 있다는 점이다. 하지만 자신을 동결하는 상품보다 이자가 낮다는 특징이 있다. 이번 장에서는 사전에 입금 받은 테더USDT로 Earn 서비스를 이용하는 과정을 소개한다.

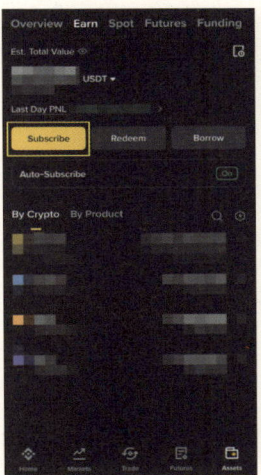
Earn

Earn > Subscribe

USDT Subscribe

하단 메뉴에서 'Assets자산목록'을 선택하고, 상단에 'Earn' 서비스를 클릭한다. 'Earn' 서비스를 구독하기 위해 'Subscribe' 버튼을 클릭한다. '추천Recommended'에서 '테더USDT' 상품을 선택한다. 'Earn > Subscribe' 이미지에 보이는 이율과 현재 이율은 차이가 있을 수 있다. 구독한 테더USDT 수량을 지정한다. 예상 '일별 보상Daily Rewards'도 확인할 수 있다.

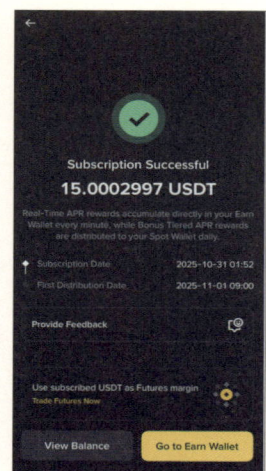
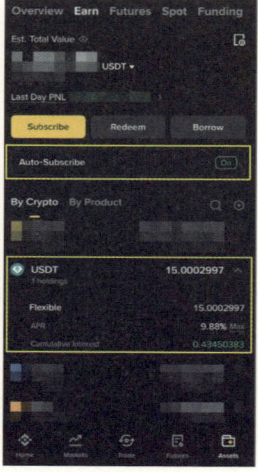

| Subscription 성공 | Subscription 현황 | Auto-Subscribe 설정 |

테더USDT 언Earn 구독 신청이 완료되고, 구독 현황을 볼 수 있다. '자동 구독Auto-Subscribe' 설정을 '활성화On'하면, 현물Spot 계좌에 있는 이용 가능한 수량이 자동으로 언Earn 서비스 구독 상태로 적용된다. 활성화하는 것을 추천한다.

4

해외 서비스

오케이엑스
OKX

중앙화 거래소CEX 기능과 함께 웹3Web3 지갑을 탑재하여, CeFi와 DeFi의 강점을 결합한 하이브리드 모델을 제공하는 플랫폼이다. 첨부된 이미지를 참고해 핸드폰에서 어플 다운 프로그램인 구글 플레이스토어나 애플 앱스토어를 찾아 실행한다.

(※ 참고 : 책에 첨부한 사진들은 25년 하반기 기준으로, 아래 과정을 따라하는 시점상 UI-화면 생김새에 차이가 존재할 수 있다.)

Google Play store

Apple App store

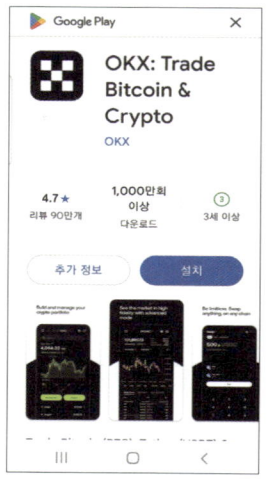

플레이 스토어에서 오케이엑스 검색

앱 스토어 오케이엑스 검색

오케이엑스를 검색하면, 옆과 같은 화면이 보이고 '설치(다운로드)'를 진행한다.

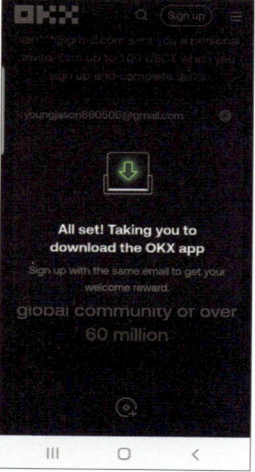

첫 실행화면

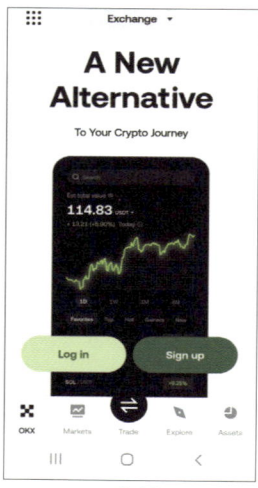

소개 내용

어플을 실행한 후 이미 계정이 있다면 로그인Log in을, 아니라면 회원가입Sign up을 진행한다. 본 과정은 회원가입 절차를 먼저 진행한다.

❶ 계정 만들기 – 오케이엑스 회원 가입하기

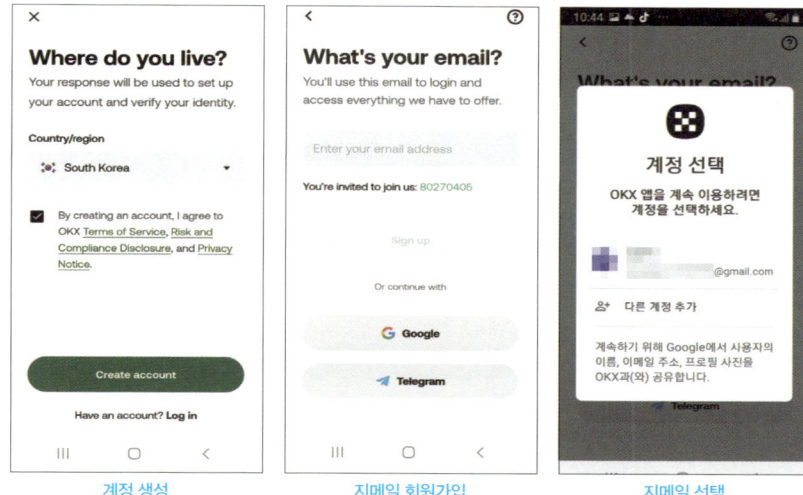

계정 생성   지메일 회원가입   지메일 선택

계정 생성을 위해 'Create account' 버튼을 클릭한다. 본 과정에서는 'Continue with Google구글로 계속'로 회원가입을 진행하고 이를 권장한다. 지메일gmail 계정을 선택해 회원가입을 진행한다.

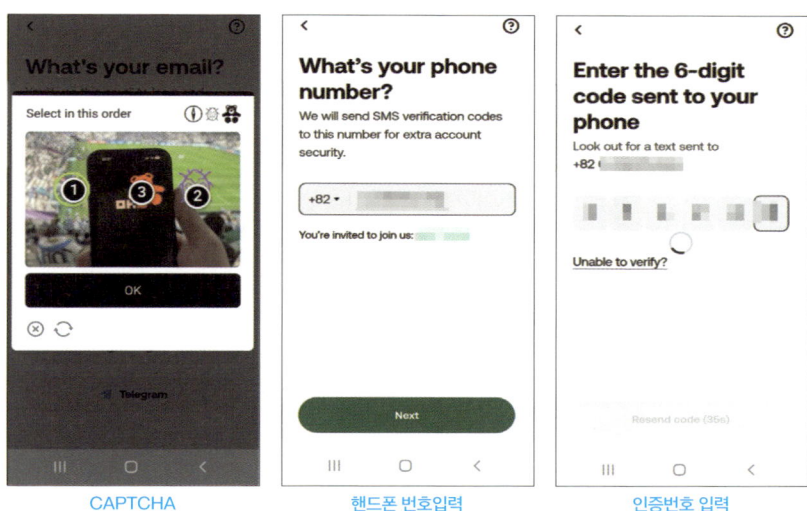

CAPTCHA   핸드폰 번호입력   인증번호 입력

회원가입이 완료된 후, CAPTCHA자동 로그인 방지시스템 과정을 진행한다. 본인인증을 위해 핸드폰 번호를 입력하고, 잠시 후 수신한 메시지에 인증번호를 입력한다.

❷ 계정 만들기 – 고객확인(KYC)

고객확인(KYC) 1

고객확인(KYC) 2

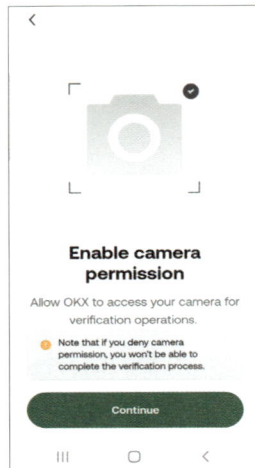

카메라 접근 허용

거주 지역을 선택하고 'Next' 버튼을, 그리고 본인 인증할 신분증을 선택하고 'Next' 버튼을 클릭한다. 신분증 스캔을 위해 카메라 접근 권한을 허용한다.(이미 카메라 접근 권한이 허용된 상태라면, 해당 화면이 나오지 않는다.)

고객확인(KYC) 3

고객확인(KYC) 4

고객확인(KYC) 5

신분증 스캔을 위한 팁을 확인하고, '인증 시작Start verification' 버튼을 클릭한다. 신분증 앞뒤면 사진을 찍는다. 사진 찍은 결과를 확인한다.

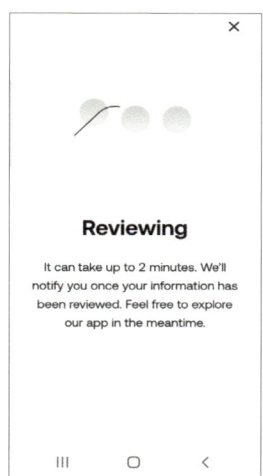

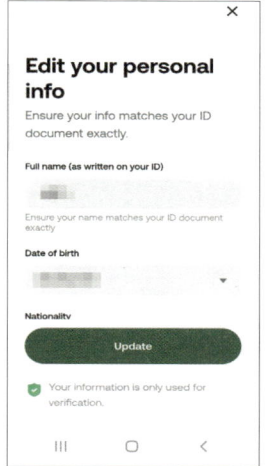

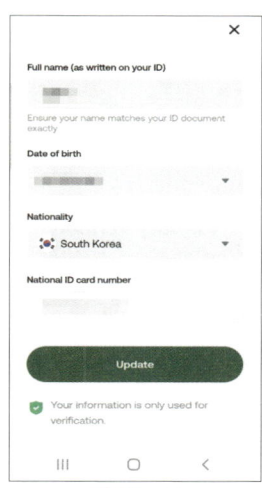

| 제출내용 검토 중 | 고객확인(KYC) 6 | 고객확인(KYC) 7 |

신분증 스캔 내용을 시스템이 검토한다. 신분증 내 개인정보와 화면에 보이는 정보가 일치하는지 확인하고, 문제가 있으면 수정한 후 'Update' 버튼을 클릭한다.

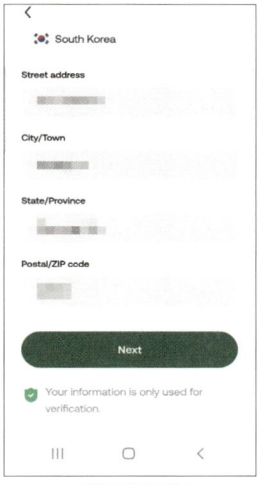

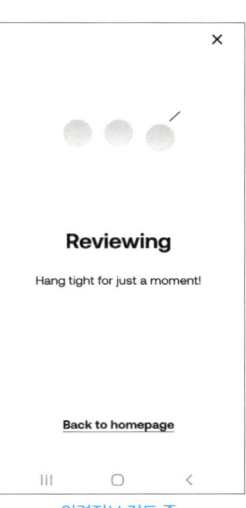

| 고객확인(KYC) 8 | 고객확인(KYC) 9 | 입력정보 검토 중 |

거주지 정보를 입력하고 'Next' 버튼을 클릭한다. 입력한 정보를 시스템이 검토한다.

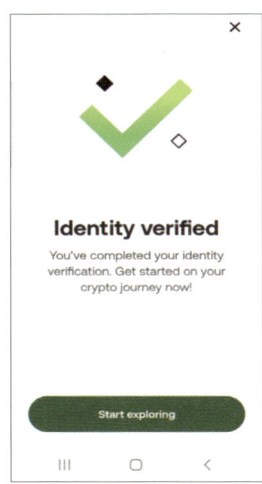

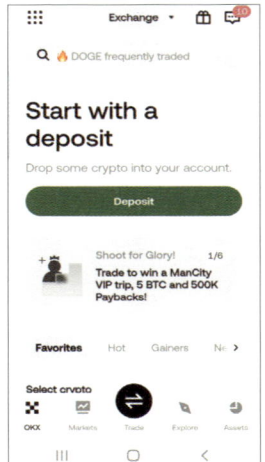

고객확인 검토완료   메인화면

고객확인KYC 접수 검토가 완료되고, 메인화면이 나온다. 로그인 및 고객확인 절차가 완료
된다.

❸ 테더 입금하기

빗썸을 통해 테더를 입금받는 과정은 3장 2의 국내 서비스 - 빗썸 '출금하기-암호화폐 전
송' 절차와 같다.

❹ 현물(SPOT) 거래하기

현물 거래에 대한 설명은 이미 3장 3의 해외 서비스 - 바이낸스 '현물SPOT 거래하기'에서
소개했다. 이전 과정을 통해 오케이엑스 계정에 입금한 테더USDT를 가지고 BTC 현물을
매매할 수 있다.

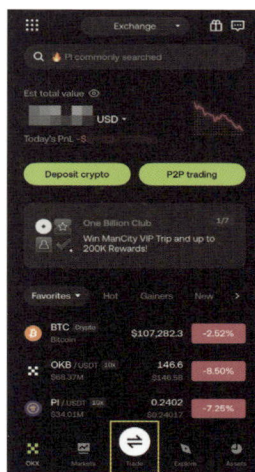 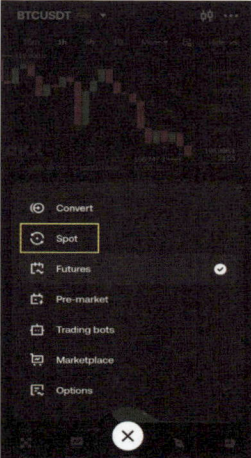 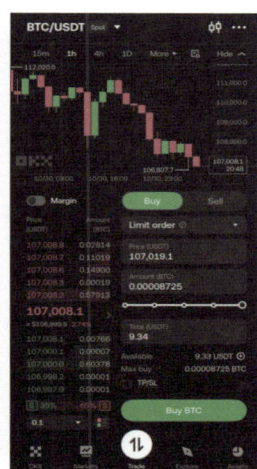

메인 화면　　　　　Trade > Spot　　　　BTC/USDT Spot 마켓

하단 메뉴에서 'Trade거래'를 선택하고 'Spot현물'을 클릭한다. 'BTC/USDT Spot 마켓' 이 나온다. 'Buy' 단가와 수량을 입력하고 'Buy BTC' 버튼을 클릭한다.

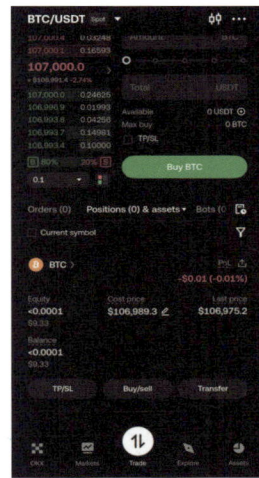 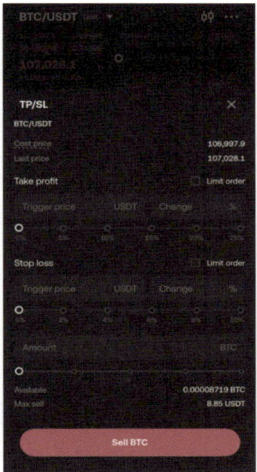 

BTC 매수 완료　　　　주문 유형 선택　　　　자산 계좌 전송

BTC 매수 완료가 되었다. 'TP/SL'을 선택하여 주문 유형을 지정할 수 있다.(※ 자세한 사항은 앞에서 살펴본 3장 3의 해외 서비스 - 바이낸스 '현물SPOT 거래하기'에서 이미 설명했다.) 더 이상 거래를 하지 않고 펀딩Funding 계좌에서 제공하는 서비스를 사용하기 위해, 현물 BTC를 'Transfer이체' 버튼을 클릭해 통합Trading 계좌의 BTC를 Funding 계좌로 옮길 수 있지만, 이 과정에서는 옮기지 않는다. 'Buy/Sell' 버튼을 클릭하면 추가 매수 또는 매도를 진행할 수 있다.

4

해외 서비스 - 오케이엑스OKX

125

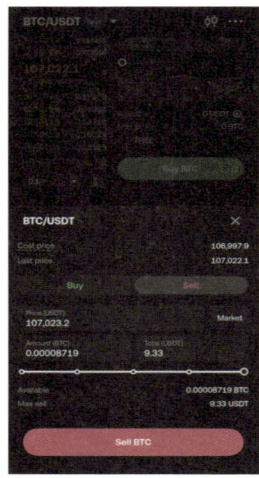

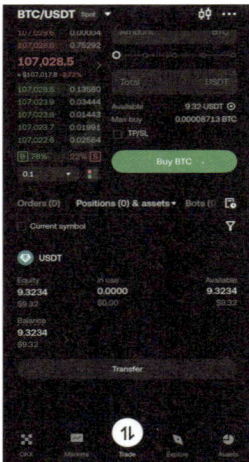

매도 신청 내역을 설정하고, 'Sell BTC' 버튼을 클릭한다. 매도가 완료되고, BTC 현물이 팔리고 테더USDT 자산이 생겼다.

매도 신청   매도 완료

❺ 선물FUTURE 거래하기

선물 거래도 3장 3의 해외 서비스 - 바이낸스 '선물 거래하기'에서 이미 설명했다. 바이낸스 선물 거래와 같은 방법으로 진행한다.

메인화면   Futures > BTCUSDT 마켓   BTCUSDT Future 마켓

하단 메뉴에서 'Trade'를 선택하고, 상단 'Futures 마켓'에 있는 'BTCUSDT 마켓'을 클릭한다. 최초 Futures 거래를 하는 경우, Futures 마켓에 대한 교육 안내를 숙지하고 관련 퀴즈를 풀어야 해당 서비스를 사용할 수 있다. 'BTCUSDT Future 마켓'에서 레버리지 변경을 위해 배율 영역을 클릭한다.

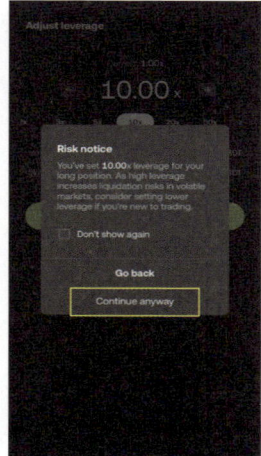

배율 변경 x10   배율 적용 확인

레버리지 배율을 'x10'으로 설정하고, 'Confirm확정' 버튼을 클릭한다. 리스크 안내 문구가 나오고, 적용을 위해 'Continue anyway'를 클릭한다.

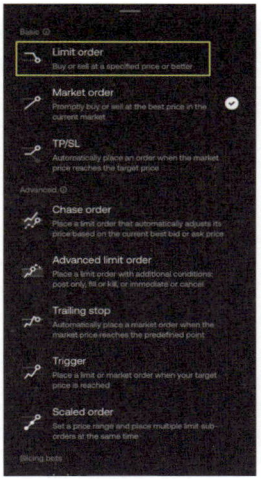

주문방법 변경   limit order 선택   포지션 설정

'Market order시장가 주문'로 설정된 주문 방법 변경하기 위해 주문방법 영역을 클릭한다. 다양한 주문 방식 중 'Limit order지정가 주문'를 선택한다. 포지션 금액을 설정하고, 시장 상황을 스스로 판단하고 포지션(BuyLong 또는 SellShort)을 선택한다. 현 과정에서는 'BuyLong'을 선택했다.

4

해외 서비스 – 오케이엑스OKX

127

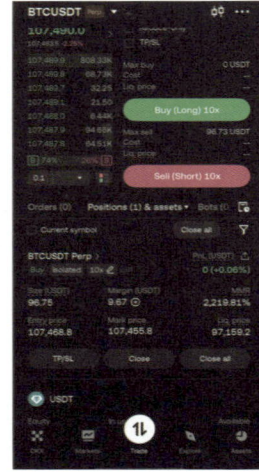
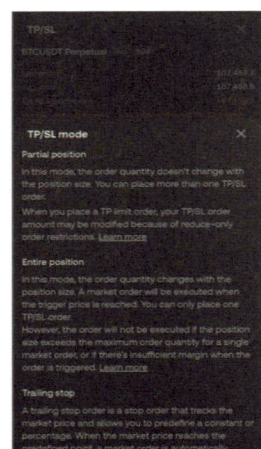

| 포지션 차트에서 확인 | Buy(Long) 포지션 확인 | TP/SL |

차트 상에서도 포지션과 PnL_{Profit and Loss, 수익-손실}을 확인할 수 있다. 주문한 Buy_{Long} 포지션을 확인할 수 있다. 'TL/SL'을 클릭하면, 'TP/SL', 'Trailing Stop'에 대한 설명이 나온다.

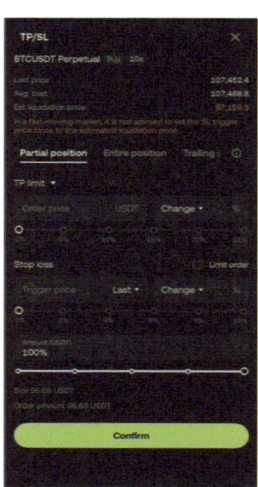
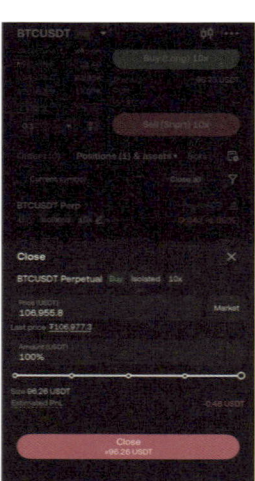
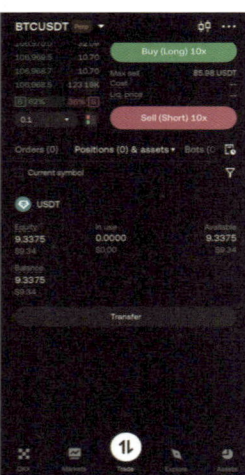

| 포지션 관리 | 청산(Close) 설정 | 포지션 정리 완료 |

포지션 관리하는 화면에서 'TL/SL', 'Trailing Stop' 설정이 가능하나, 이 과정에서는 하지 않는다. 'Close' 버튼을 클릭하면, Close 설정 화면이 나오고 원하는 청산 기준을 설정할 수 있다. Close 설정을 진행하고, 체결되면 포지션 정리가 완료된다.

TIP

듀얼 인베스트먼트Dual Investment, 이중투자상품

오케이엑스에서는 매매 이외에 다양한 서비스를 제공하고 있다. 그 중에서 'Dual Investment' 서비스 사용방법을 소개한다. 이 서비스는 구조화된 투자 상품으로, 암호화폐를 특정 목표가에 매도 또는 매수하는 동시에 확정 이자를 받을 수 있는 상품이다. 이 상품은 원금 보장형이 아니며, 만기 시점의 시장 상황에 따라 결제 통화(암호화폐 또는 스테이블코인)가 결정된다. 하나의 상품만으로 투자하는 상황에 비해 최종 손실율을 최소화할 수 있다는 장점이 있다. 하지만 무조건 손실이 없을 순 없다.

이번 장에서는 사전에 입금 받은 USDT로 Dual Investment 서비스를 이용하는 과정을 소개한다.

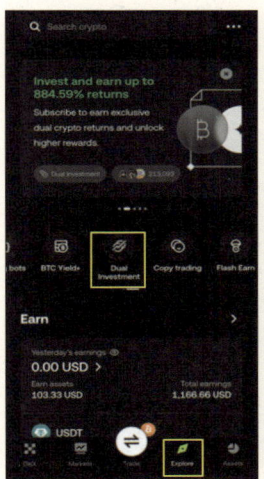
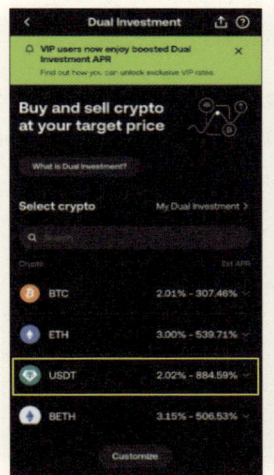

Explore   Dual Investment   USDT > Buy BTC low

하단 메뉴에 'Explore'를 선택하고, 'Dual Investment' 서비스를 찾아 클릭한다. USDT로 서비스를 이용할 것이기 때문에, USDT 상품을 클릭한다. USDT 상품 중 특정 시점 정해진 가격 이하로 가면 BTC로 이자를 지급하는 'Buy BTC low' 상품을 선택한다.

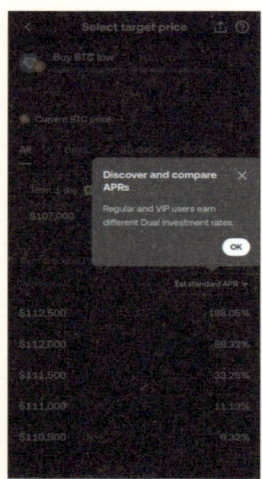
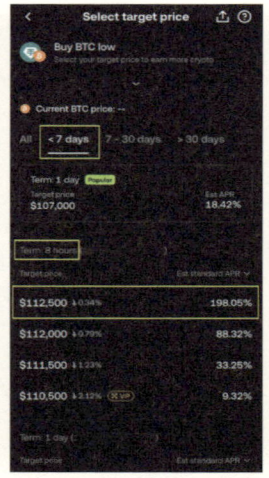

상품 가이드　　　　　　　7일 이내 단기　　　　　　　8시간 상품 선택

상품 가이드 안내문을 확인하고 'OK' 버튼을 클릭한다. 이번 장에서는 단기 상품을 구독한다. 7일 이내 상품 카테고리로 이동하고, 첫번째 상품을 선택했다. 스스로 가격과 이율을 고려해 상품을 선택한다. 선택한 상품에 대한 상세 페이지로 이동한다.

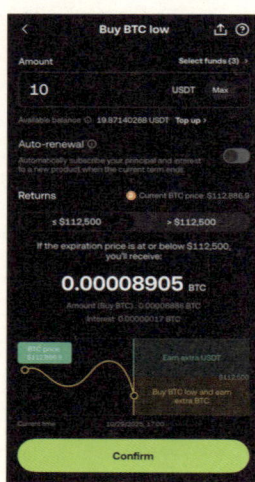
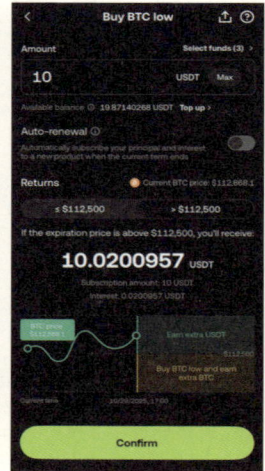

회수 조건1　　　　　　　　회수 조건2　　　　　　　　계약 내용 확인

가입할 USDT 금액을 입력하고, 'BTC' 가격에 따른 회수 결과를 확인할 수 있다. '회수 조건 1'인 경우 해당 연이율이 추가된 BTC를 받고, '회수 조건2'인 경우 해당 연이율이 추가된 USDT를 받는다. BTC와 USDT라는 비교적 안전자산이라고 할 수 있는 자산을 타켓으로 안정적이고 비교적 높은 수익률을 받을 수 있다. 'Confirm' 버튼을 클릭하고, 상품 구독에 대한 동의를 체크 후 'Confirm' 버튼을 클릭한다.

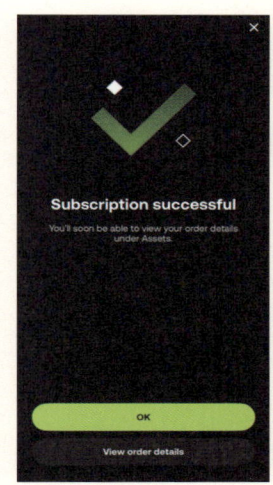

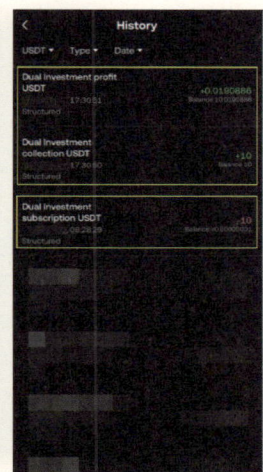

상품 구독   구독 내용   기간 후, 구독 결과

구독이 완료된다. 'View order details'를 클릭한다. 구독 내역을 확인 할 수 있다. 상품의 계약 기간이 지난 후, 회수 결과를 확인한다.

Chapter
4

새로운 기회,
DeFi
직접 써보기

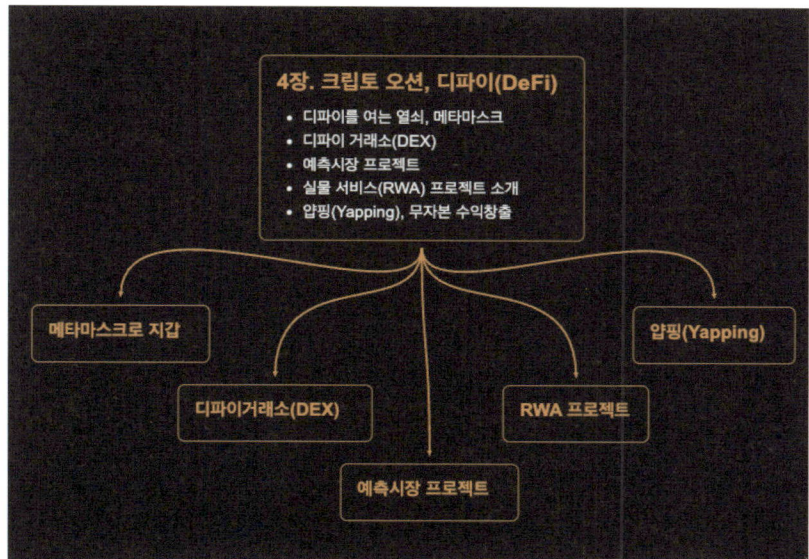

4장. 크립토 오션, 디파이(DeFi)
- 디파이를 여는 열쇠, 메타마스크
- 디파이 거래소(DEX)
- 예측시장 프로젝트
- 실물 서비스(RWA) 프로젝트 소개
- 얍핑(Yapping), 무자본 수익창출

메타마스크로 지갑

디파이거래소(DEX)

예측시장 프로젝트

RWA 프로젝트

얍핑(Yapping)

Chapter 4 주요 용어 및 개념 설명

1

DeFi는
메타마스크 지갑
만들기부터!

메타마스크는 이더리움 및 다양한 블록체인과 상호작용할 수 있는 대표적인 DeFi 지갑, 혹은 비관리형 암호화폐 지갑이다. DeFi 서비스를 사용하기 위한 필수 도구이다. 메타마스크는 2016년 컨센시스ConsenSys에 의해 출시되었고, 처음에는 구글 크롬, 파이어폭스 등 브라우저 확장 프로그램 형태로 선보였다. 초기 목표는 복잡한 이더리움 전송, 토큰 관리 그리고 스마트 컨트랙트 사용 등을 쉽고 안전하게 활용할 수 있도록 돕는 것이었다. 2020년 이후 모바일 앱까지 출시되면서 사용자 영역이 확정되었다.

메타마스크의 등장으로 DeFi 서비스 성장의 초석이 되었다. 사용자들은 CeFi 서비스를 거치지 않고, 직접 DeFi 지갑을 통해 다양한 dAppDeFi 서비스와 연결해 DEX, NFT 마켓플레이스, 대출 플랫폼 등 다양한 웹3Web3 서비스를 이용할 수 있게 되었다. 기능적으로 메타마스크는 이더리움, ERC-20Token, ERC-721NFT 등 다양한 자산의 관리와 송금, 컨트랙트 서명, 네트워크EVM 계열, 최근에는 솔라나 추가 등 폭넓은 확장성을 제공한다.

이처럼 DeFi 생태계 진입하기 위해, 메타마스크와 같은 DeFi 지갑은 필수적이다. 최근 OKX와 같은 중앙화거래소CEX에서 DeFi 지갑을 접목하는 등 CEX 서비스 역시 DeFi 서비스의 중요성과 협업 기회를 준비하고 있다.

메타마스크 만들기 실습

① 메타마스크 사용법

다운로드

설치완료 실행

구글 플레이스토어나 애플 앱스토어에서 메타마스크를 검색하고 어플을 설치한다.

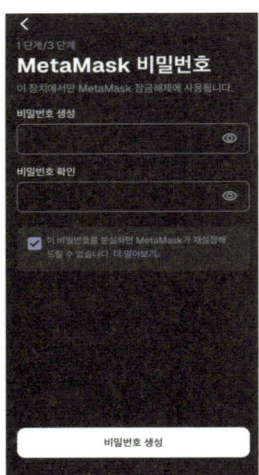

| 메타마스크 지갑 만들기 | 비밀 복구구문 사용 | 비밀번호 입력 |

메타마스크를 실행하면, '새 지갑 생성하기'와 '기존 지갑이 있습니다' 두 가지 버튼이 있다. 이번 장에서는 새로 지갑을 만들어야 하는 상황을 기준으로 설명하겠다.

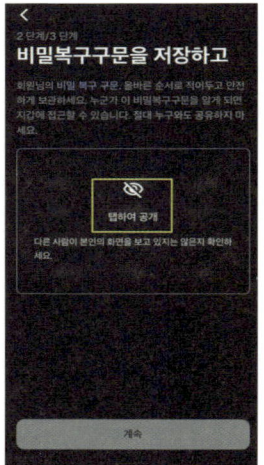

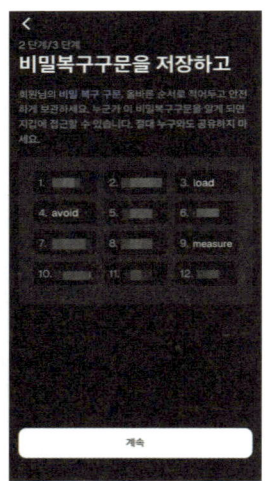

| 비밀복구 구문 생성 요청 | 비밀복구 구문 생성 완료 | 비밀복구 구문 확인 |

비밀복구 구문 생성을 요청해 완료되면 비밀복구 구문이 생기는데, 이는 지갑이 생성된 것과 같다. 생성된 비밀복구 구문은 외부에 절대 노출되지 않는 환경에서 종이에 순서대로 작성해야 한다. 본인이 잘 인지할 수 있도록 주의하여 작성해야 한다.

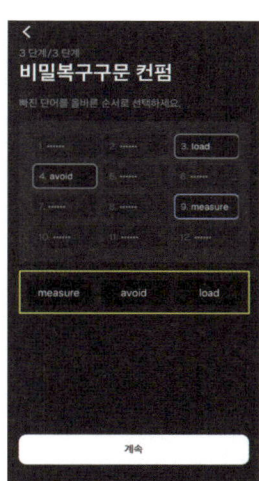
비밀복구 구문 확인

복구 구문 확인 완료

메인 화면

작성한 비밀복구 구문을 확인하여, 빈칸에 순서대로 단어를 선택한다. 제대로 선택했다면 지갑이 생성된다.

❷ 입금받기

메타마스크에 암호화폐를 입금받을 차례다. 앞선 단계에서 바이낸스에 보관하고 있던 테더(아비트럼 네트워크)를 출금해 메타마스크로 입금하는 과정이다.

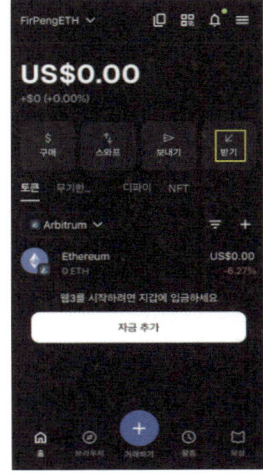
메인화면

받을 주소 저장

먼저 메타마스크에서 입금받을 지갑주소를 가져와야 한다. 받기 버튼을 클릭하고 받을 주소리스트에서 아비트럼 옆 저장하기 버튼을 클릭해 주소를 저장한다. 참고로 화면에서 솔라나(SOLANA)를 제외한 이더리움(Ethereum), 리니아(Linea), 베이스(Base), 아비트럼(Arbitrum) BNB Chain, 옵티미즘(Optimism), 폴리곤(Polygon)은 EVM 호환이 가능한 네트워크이다. 즉, 이더리움과 같은 주소 체계 및 서명 구조 등 사용하기 때문에 메타마스크에서 동일한 지갑주소를 사용한다. 다만, 암호화폐 거래내역트랜잭션이 개별적으로 생성된다.

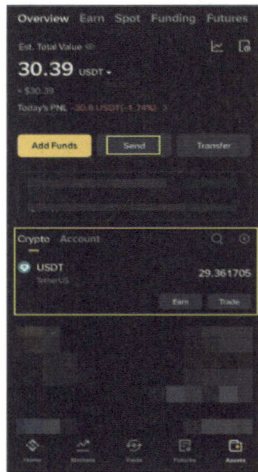 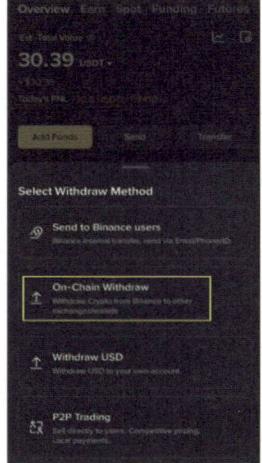 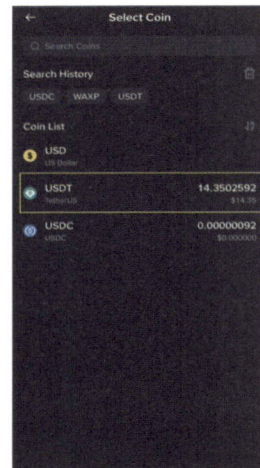

바이낸스 asset 화면   On-Chain 출금   출금 화폐로 USDT 선택

바이낸스 어플에서 USDT테더를 출금하기 위해 'Send' 버튼을 클릭한다. 출금 방법 선택에서 'On-Chain Withdraw'을 선택한다. 그리고 출금할 암호화폐로 USDT를 선택한다.

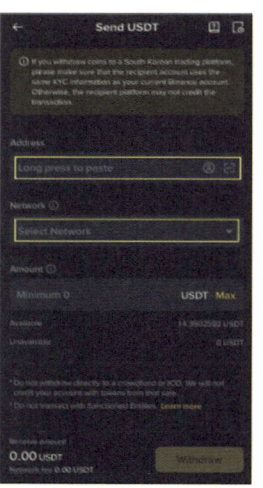 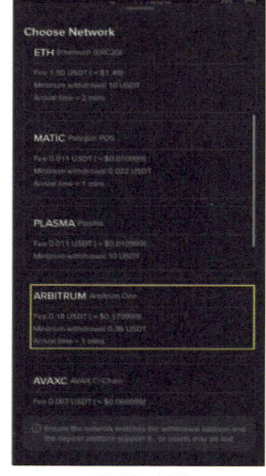 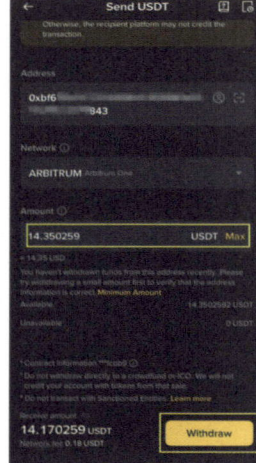

입금 대상 정보 입력   네트워크 선택   출금액 선택

주소엔 앞서 저장한 메타마스크 지갑주소(입금 대상)를 붙여 넣는다. 그리고 사용할 네트워크로 'ARBITRUM'을 선택한다. 그리고 출금 수량을 지정한다. 수수료는 0.18 USDT다. 'Withdraw출금' 버튼을 클릭한다.

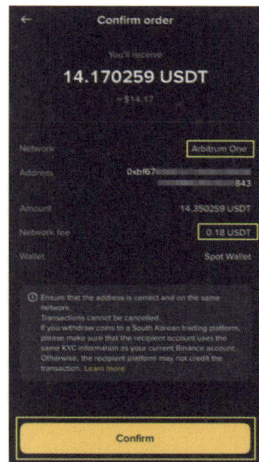

출금 주문 확인   출금 진행 중

출금 진행에 앞서 출금 주문 내역을 확인하고, 문제가 없다면 'Confirm확인'을 클릭한다. 출금 절차가 진행된다. 'View History'를 클릭해 진행 내역을 확인할 수 있다.

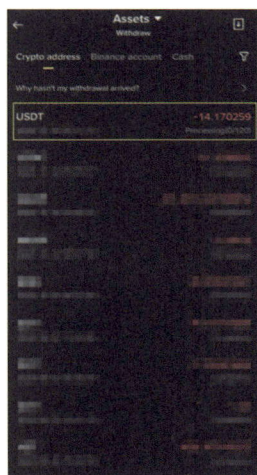
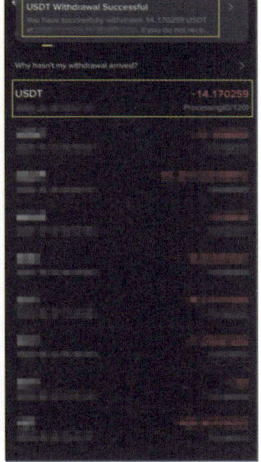

거래 내역, 진행 중   거래 완료, 팝업 확인

진행 중인 출금 건을 확인한다. 일정 시간이 지나면 출금에 성공했다는 팝업이 나온다.

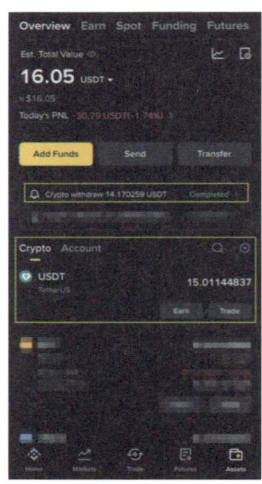

출금 완료   메타마스트 입금완료

Asset자산 화면에서 USDT테더가 출금되었음을 확인할 수 있다. 그리고 메타마스크 지갑에는 USDT가 입금되었다.

③ 토큰 추가하기

지금까지 실습을 진행하면서, USDT를 주로 사용했다. 그리고 USDT 또는 USDC와 같은 스테이블 코인은 유명한 자산이기 때문에 메타마스크를 비롯한 여러 DeFi 서비스에서 자동으로 연동이 되어있어 사용하기에 불편이 없다.

하지만, DeFi 활동을 하다보면 신규 토큰을 에어드랍air drop, 무료 또는 유료로 받기받거나 신규 암호화폐 코인을 지갑에 등록해야 하는 경우가 생긴다. 앞서 입금절차처럼 지갑주소공개키, public key를 신규 암호화폐 재단에 제공했고, 암호화폐를 전송했다는 공지를 확인한다. 하지만 내 메타마스크에서 해당 자산이 보이지 않는 상황을 마주할 수 있다.

수동으로 신규 자산 정보를 메타마스크에 등록해 입금받은 신규 암호화폐를 확인할 수 있다. 이번 단계에서는 메타마스크에 토큰을 추가하는 과정을 알아보도록 하겠다. 먼저 유명한 토큰인 USDC를 추가하는 과정을 살펴보자.

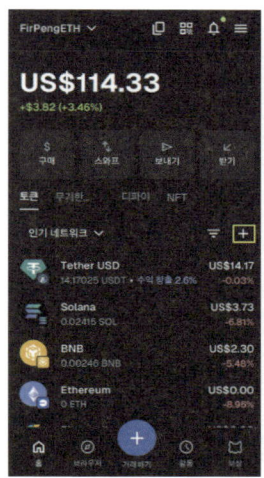

메타마스크 메인화면

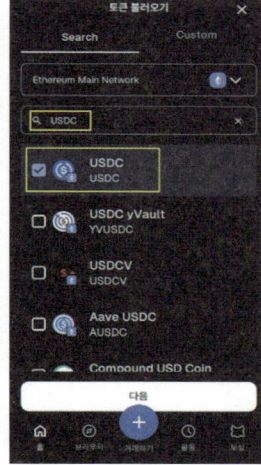

토큰 불러오기, USDC 검색

USDC 추가하기

'+' 버튼을 클릭해 '토큰 불러오기' 화면으로 넘어간다. 'Search' 탭에서 USDC를 검색한다. 검색되는 토큰들은 비교적 인지도가 높은 토큰들이거나, 메타마스크 측에 등록을 요청한 토큰이라고 생각하면 된다. USDC를 검색해도 다양한 종류의 USDC가 보인다. 원하는 토큰을 선택한 후 '불러오기'를 클릭해 메타마스크에 등록한다. 참고로 등록된 토큰의 컨트랙트 주소를 확인해 찾는 토큰이 맞는지 확인해야 안전하다. 토큰 컨트랙트 주소는 토큰을 식별할 수 있는 주소로, 우리의 주민등록번호와 같은 개념이다.

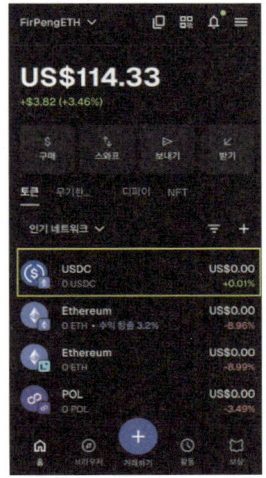

이더-USDC 등록 완료

메인 화면에 이더리움 네트워크에 민팅minting, 발행된 USDC 토큰이 등록됨을 확인할 수 있다.

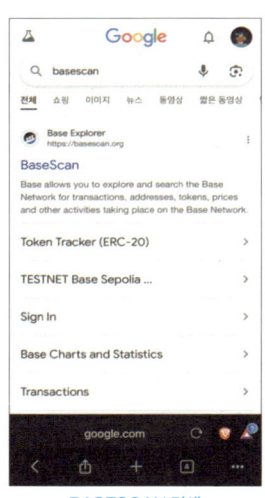
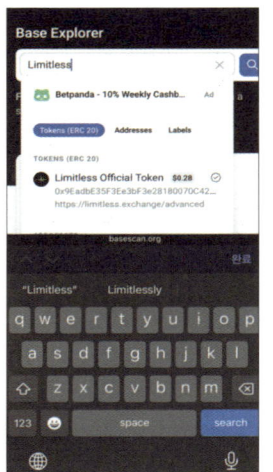
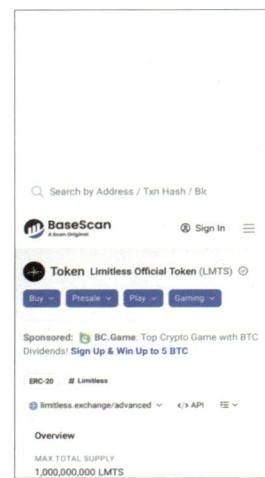

BASESCAN 검색   LMTS 검색   토큰 확인

다음은 리밋리스Limitless DeFi 서비스에서 민팅한 LMTS 토큰을 추가해보자. LMTS는 '베이스BASE' 네트워크에서 리밋리스 프로젝트 팀이 민팅했다. BASE 블록체인 데이터를 확인할 수 있는 'basescan' 서비스를 검색해 접속하고, 사이트 검색창에서 'Limitless'를 검색하면 해당 토큰Token 정보를 찾을 수 있다. 총발행량, 홀더, 전송 수 등 온체인 정보를 확인할 수 있다.

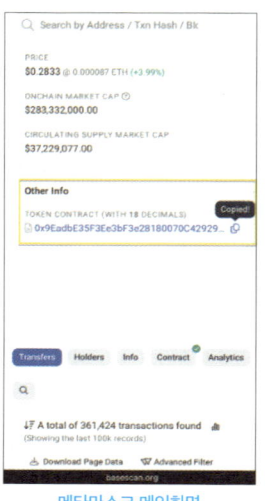

메타마스크 메인화면   토큰 불러오기, USDC 검색   USDC 추가하기

여기서 우리는 'TOKEN CONTRACT토큰 계약' 정보를 찾아야 한다. 찾은 후, 해당 주소를 복사하고 앞서 메타마스크의 '토큰 불러오기' 화면으로 가서 네트워크는 'BASE'로 선

택하고, '토큰 계약 주소'에 복사한 TOKEN CONTRACT를 붙여 넣으면, 자동으로 '토큰 기호Token symbol'와 '토큰 십진수Token decimal'가 조회되어 화면에 나온다. 베이스스캔Basescan에 나온 토큰 기호와 십진수가 동일한지 확인하고 '다음' 버튼을 누른다. 그다음 '불러오기' 버튼을 클릭한다.

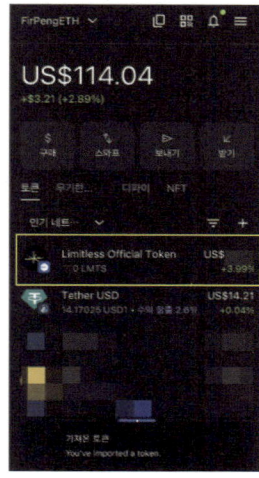

앞서, USDC를 추가해 가져왔듯이, LMTS 토큰도 메타마스크에 추가되었음을 볼 수 있다.

등록된 토큰 확인

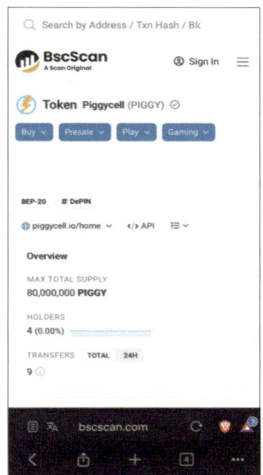

PIGGY 토큰 검색

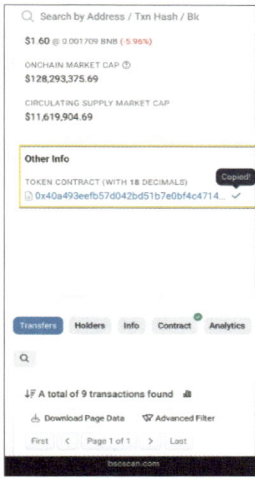

PIGGY 컨트랙트 어드레스 확인

이번엔 국내 RWA 프로젝트인 피기셀Piggycell 토큰인 피기PIGGY를 추가해보겠다. PIGGY는 해당 프로젝트 팀이 BNB chain에 토큰을 민팅했다. 그래서 BNB chain에서 PIGGY 토큰 정보를 찾아야 한다. 검색창에 BscScan 서비스를 검색해 접속한다. 앞서 LMTS와 동일한 방법으로 'TOKEN CONTRACT'를 찾고 복사한다.

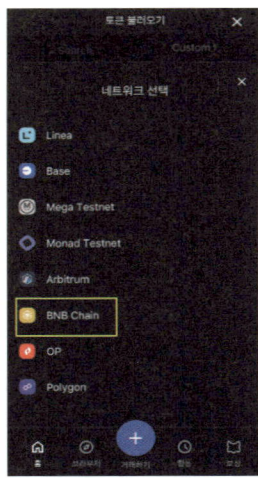

BNB Chain 선택   PIGGY 컨트랙트 어드레스 입력   메인화면 PIGGY 등록 완료

동일한 방법으로 메타마스크에서 '토큰 불러오기' 화면으로 넘어거 네트워크를 'BNB Chain'으로 선택한 후 복사한 'TOKEN CONTRACT'를 토큰 계약 주소에 붙여 넣으면 PIGGY 토큰 정보가 조회된다. 조회된 정보를 확인 후 등록을 하면 PIGGY 토큰 정보를 메인화면에서 확인할 수 있다.

❹ 전송하기

암호화폐 전송에는 크게 2가지 케이스가 있다. 첫번째는 코인 전송, 두번째는 토큰 전송이 있다. 코인 전송은 비교적 간단하다. 코인은 앞서 설명했듯이 메인넷에서 사용되는 중심화폐다. 블록에 트랜잭션전송을 담기 위해 수수료로 코인이 필요하다. 그래서 수수료를 제외한 수량을 전송할 수 있다. 즉, 코인을 전송할 때는 코인만 있으면 된다.

이번엔 토큰을 전송하는 과정을 생각해보자. 토큰은 크게 FTFungible Token과 NFTNon-Fungible Token 2가지가 있다. 토큰 전송 시, 트랜잭션을 블록에 담기 위한 수수료는 토큰이 발행된 메인넷의 코인도 있어야 한다. 코인은 수수료로 사용하기 때문에 비교적 소액만 있어도 된다. CEX중앙화 거래소를 사용할 때, 보유한 암호화폐가 코인 전송인지 토큰 전송인지 구별 없이 거래소가 설정한 수수료만으로 출금을 했던 이유는 거래소가 각각 코인, 토큰 전송에 대한 준비를 대행했기 때문에 상대적으로 편하게 암호화폐 전송을 할 수 있었다. 이제 전송하기 과정을 함께 수행해보자.

먼저, 코인 전송과정을 살펴본다. 다음 과정은 BNB chain 메인넷의 BNB 코인을 전송하는 과정이다.

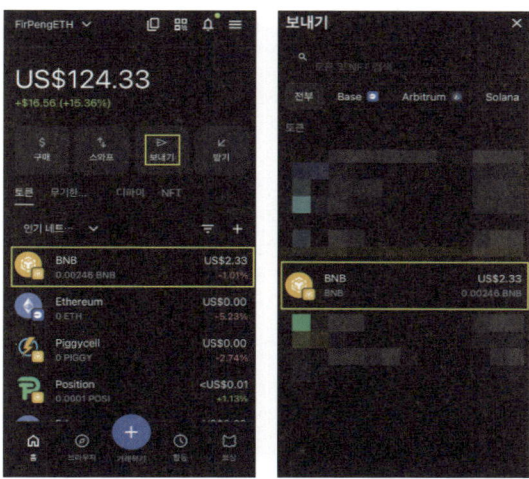

BNB 잔액 확인   보낼 코인 선택

메타마스크에서 보낼 코인 잔고BNB 코인를 확인한다. '보내기' 버튼을 클릭한다. 전송 가능한 암호화폐 리스트가 보이고, 전송 대상인 BNB 코인을 클릭한다.

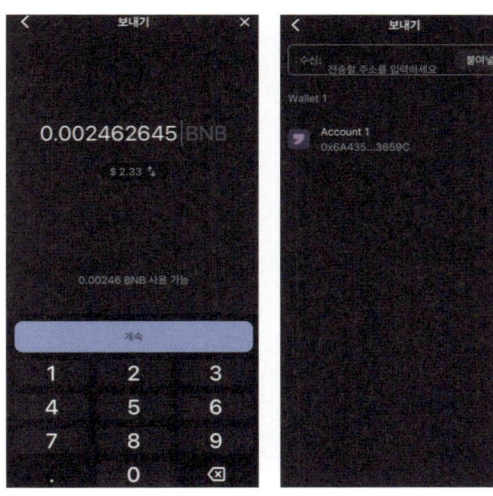

전송 수량 지정   입금 주소 입력 대기

전송할 수량을 입력하고, '계속' 버튼을 클릭한다. 입금 받을 주소를 입력해야 한다.(※ 입금 받을 주소로 바이낸스 지갑을 사용한다.)

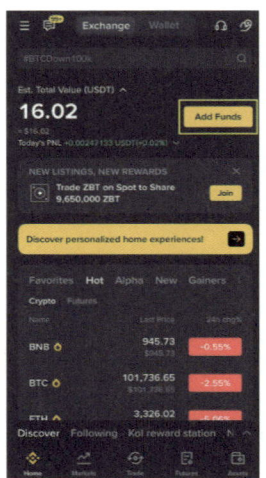
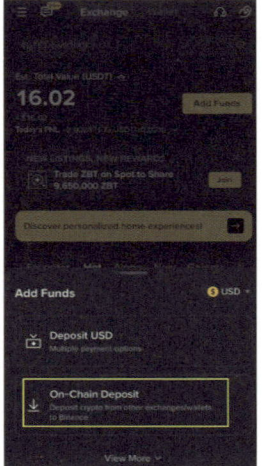

바이낸스 어플   On-Chain 입금   입금받을 암호화폐 선택

바이낸스 어플에 접속해서 'Add Funds' 버튼을 클릭한다. 'On-Chain Deposit'을 선택한다. 입금받은 암호화폐인 'BNB'를 선택한다.

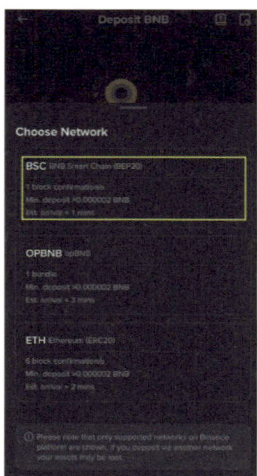
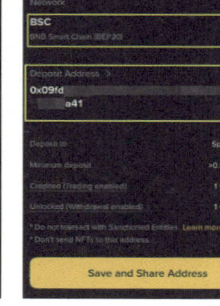

네트워크 선택   입금주소 정보 확인 및 저장

전송 네트워크로 'BSC'를 선택하고, 지갑 주소를 확인하고 복사한다.

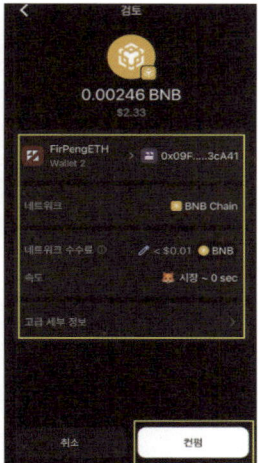

입금받을 주소 입력   코인 전송 내역 확인

다시 메타마스크로 돌아가 바이낸스 어플에서 복사한 지갑 주소를 붙여넣고 '검토' 버튼을 클릭한다. BNB 코인 전송 내역을 확인하고, 문제가 없다면 '컨펌' 버튼을 클릭한다.

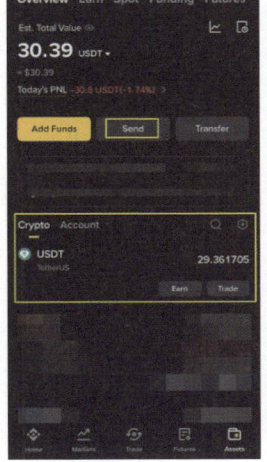

BNB 코인 보내는 중   전송 내용 확인   입금 확인, 잔고 감소

BNB 코인 전송이 시작되었다. 보낸 내역을 확인할 수 있고, 실제 메타마스크 지갑 잔고가 줄어듦을 확인할 수 있다.

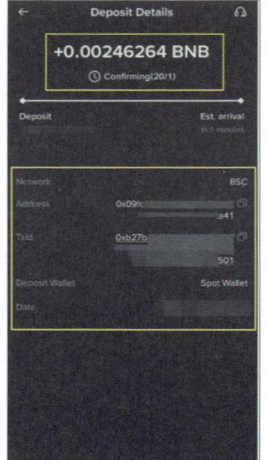
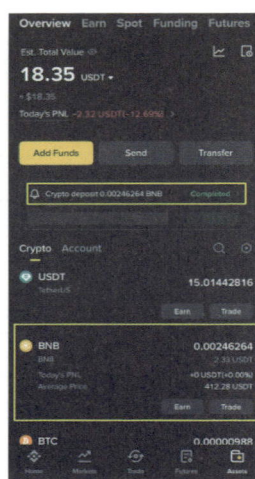

입금 인식   입금 내용 확인   잔고 증가 확인

바이낸스 어플로 돌아가 입금된 BNB 토큰을 확인할 수 있다.

다음으로 토큰을 전송하는 과정을 살펴보자. 토큰 전송은 BASE chain의 LMTS 토큰을 전송하는 과정이다.

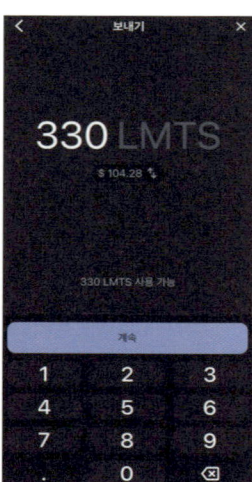

보낼 토큰 수량 확인   전송 수량 입력

메타마스크에서 보낼 토큰 수량을 확인하고, '보내기' 버튼을 클릭한 후, 전송할 LMTS 토큰 수량을 입력한다.

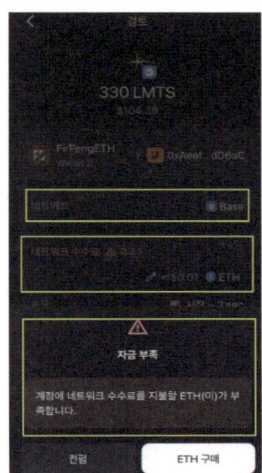

수수료 코인 부족   전송 불가

BASE 체인에서 발행된 LMTS 토큰을 전송하기 위해서는 수수료로 BASE 체인 이더리움 ETH가 필요하다. 현재는 BASE 체인 이더가 없어 전송이 불가능한 상태이다. 다음 과정에서 메타마스크에 BASE 체인 ETH를 입금해보자.

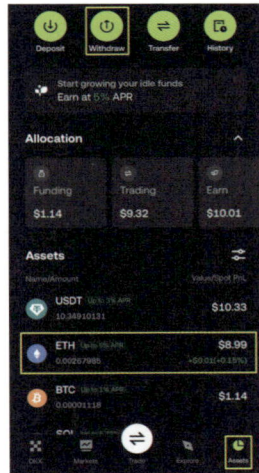

OKX에서 ETH 잔액 확인

OKX 거래소에서 ETH를 출금해 메타마스크에 입금해보자.

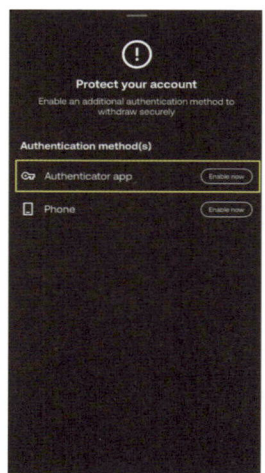
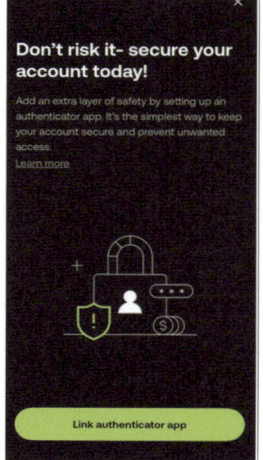

2FA 생성   보안 주의 안내   passkey 확인

CEX 거래소 최초 출금시 대부분 2FA 설정이 필요하다. 2FA는 자산 출금에 대한 보안을
강화하기 위해 로그인 비밀번호 외 본인 확인을 위한 추가 인증 절차다. 이번 과정에는 '어
센티케이터 앱Authenticator app을 사용한다.

Google Auth 설치   Auth code

'구글 어센티케이터Google Authenticator, Auth를 설치하고 OKX 연결 코드를 복사한다.

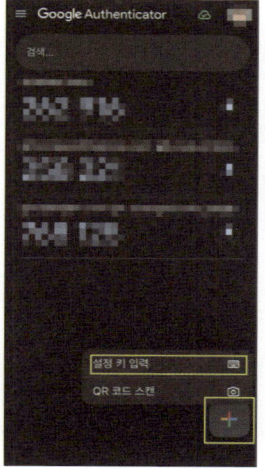
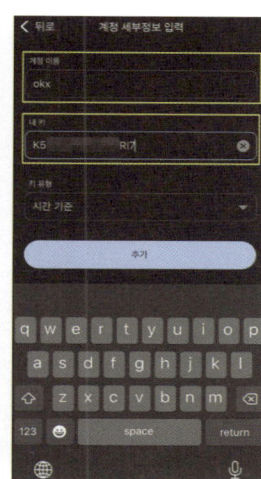

| 구글 Auth 실행 | 설정 키 입력 | 설정 키 입력 |

구글 어센티케이터Auth를 실행하고, 설정 키입력 메뉴로 진입한다. OKX에서 복사한 설정 키를 등록하고, 설정키에 대한 정보를 입력한다.

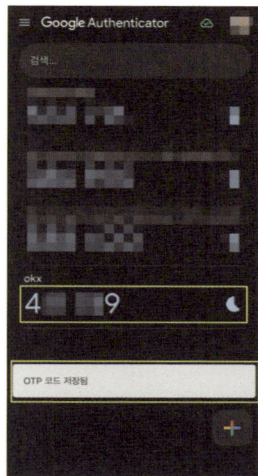
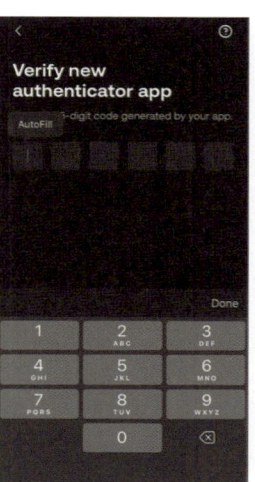

| OTP 코드 복사 | 코드 입력 | Auth App 연결 성공 |

OKX에서 복사한 설정키를 등록하고, 설정키에 대한 정보를 입력한다. OTP 코드를 OKX 서비스에 입력하고 구글 어센티케이터 앱을 연결한다.

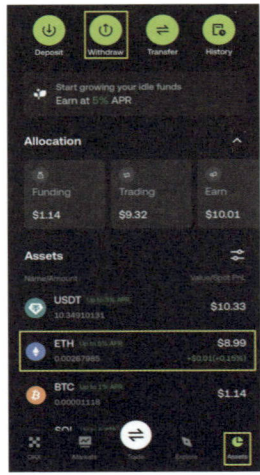

출금 버튼   Withdraw crypto   출금 암호화폐 선택

다시 'Withdraw출금' 버튼을 클릭하고, 'Withdraw crypto' 방식을 선택한다. 출금할 암호화폐로 'ETH'를 선택한다.

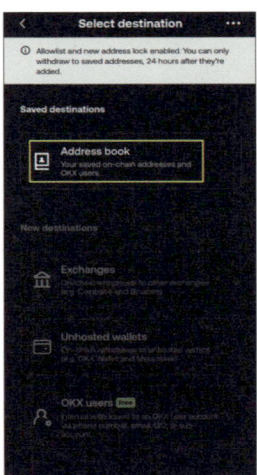
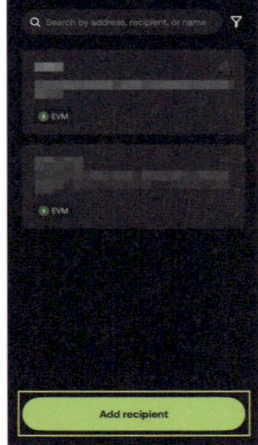
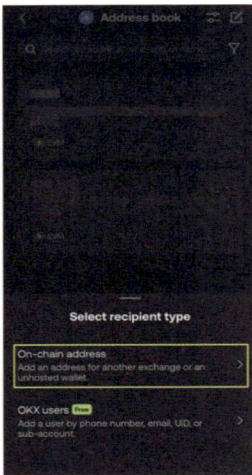

Address book 실행   출금 주소 등록   외부 지갑 주소

출금주소를 'Address book주소록'에 등록해야 한다. 'Address book'을 실행하고, 'Add recipient수신자 추가'를 클릭한다. 입금받을 주소 타입은 외부 지갑으로 출금하기 때문에 'On-chain address'를 선택한다.

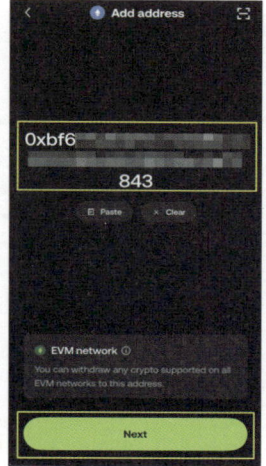

| 지갑 형태 선택 | 지갑 주소 입력 | 지갑 이름 입력 |

지갑주소의 네트워크 타입으로 'EVM network'를 선택한다. 출금 주소로 메타마스크 주소를 입력하고, 이때 본인을 식별할 수 있도록 주소 이름도 입력한다.

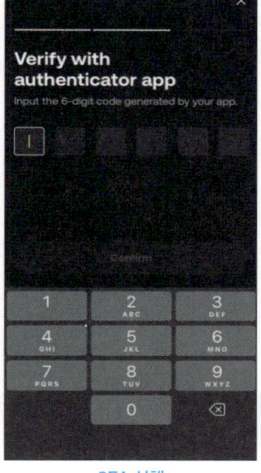
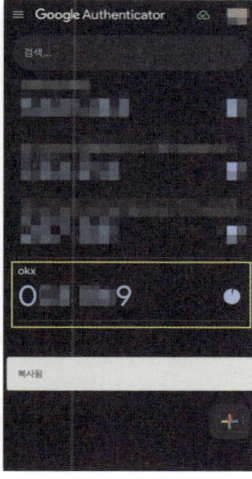

| 본인확인 | 2FA 실행 | 구글 Auth OTP 입력 |

주소 등록 절차에도 본인인증 절차가 진행된다. 앞서 등록한 'FA authenticator' 코드 입력 절차를 수행한다.

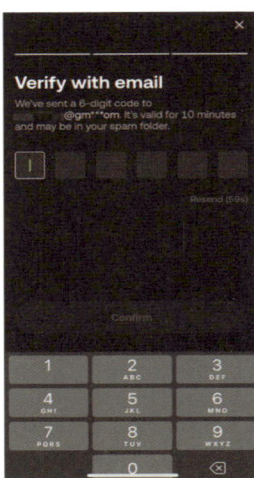
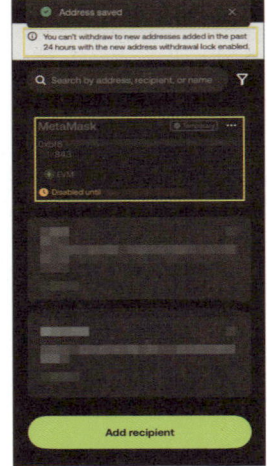
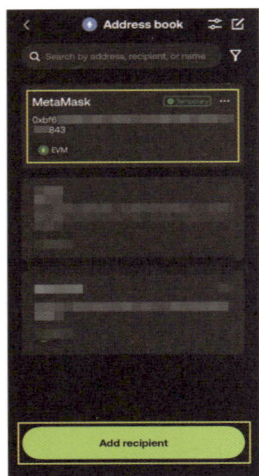

2FA 이메일 코드 입력   지갑주소 등록 중   지갑주소 등록 완료

2FA 이메일 코드 입력 절차도 수행한다. 지갑주소가 등록되고, 거래소 정책에 따라 24시간 이후에 등록한 주소로 출금을 진행할 수 있다. 24시간이 지난 후 지갑 등록이 완료된다.

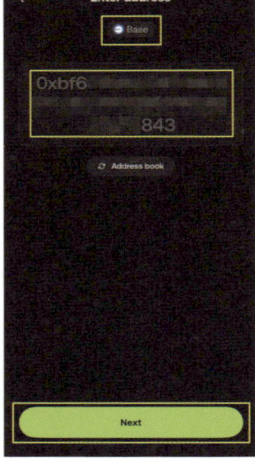

네트워크 선택   메타마스크 주소 입력   전송 수량 지정

메타마스크의 등록된 지갑주소를 선택하고, 네트워크로 '베이스BASE'를 선택한다. 그리고 선택한 지갑주소를 확인 후 'Next' 버튼을 클릭한다. 그다음 전송할 ETH 수량을 지정한다.

수령 지갑 타입 선택

신규 출금 시 주의사항

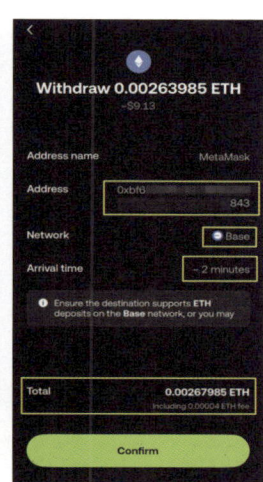
출금 내역 확인

수령 지갑의 종류를 선택한다. 메타마스크 개인 DeFi 지갑이기 때문에 'Private wallet 개인지갑'을 선택한다. 본 과정에서 메타마스크 지갑 주소는 새로 등록된 지갑 주소이다. 때문에 출금에 대한 주의사항 안내문이 나온다. 내용을 확인하고 문제가 없다면 다음 단계로 넘어간다. 출금 신청내역이 나오고 문제가 없다면 'Confirm확인'을 클릭한다.

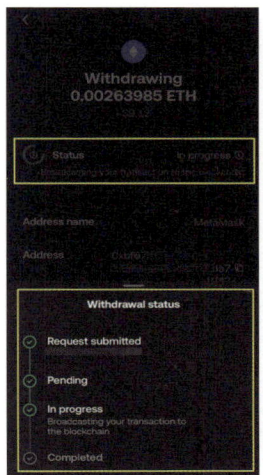
출금 준비 중

출금 진행 중

출금 실행

거래소에서 신청한 출금이 준비되고, 출금이 진행된다.

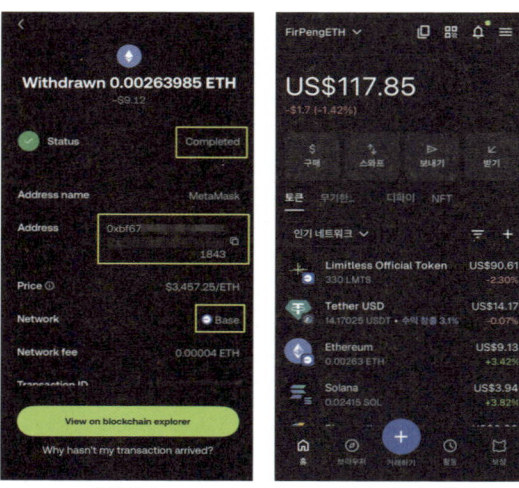

출금 완료 | 메타마스크 입금 확인

출금이 완료되고, 메타마스크 베이스BASE 체인에 ETH가 입금됨을 확인할 수 있다.

토큰 전송, 잔액 확인 | 수량 지정 | 출금 주소 입력

이제 토큰 전송을 위해 사용한 수수료 코인BASE 체인의 ETH 확보했다. '보내기' 페이지에서 전송할 토큰LMTS 수량과 수수료로 사용한 코인의 잔고를 확인한다. 그리고 전송할 토큰 LMTS를 클릭해, 수량과 전송할 주소도 입력한다.

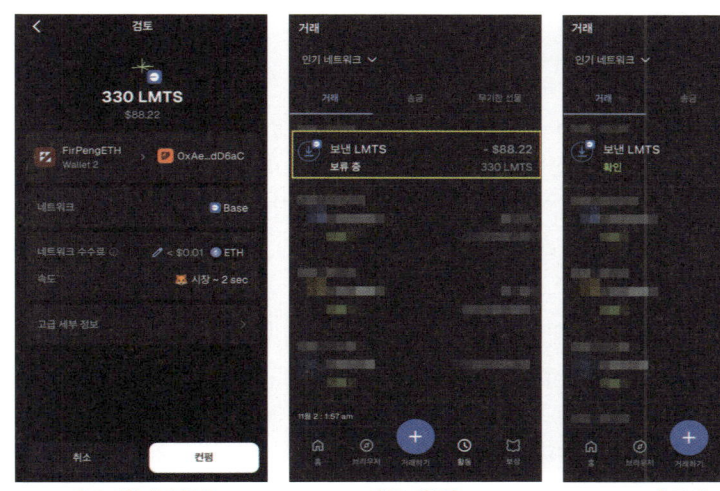

| 출금 신청 내역 확인 | 출금 진행 중 | 출금 완료 |

토큰 출금 신청 내역을 확인하고 문제가 없다면 '컨펌확인' 버튼을 클릭한다. 토큰 출금이 진행되고 잠시 뒤 전송이 완료한다.

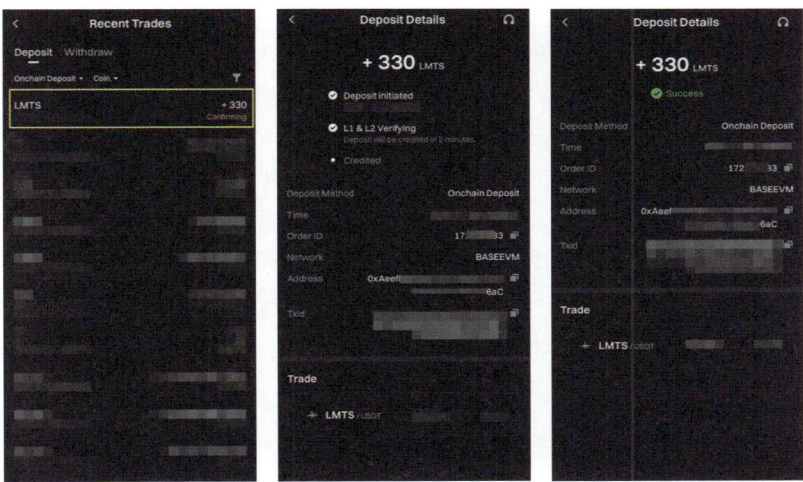

| 토큰 입금 인식 | 토큰 입금 처리 진행 중 | 토큰 입금 처리 완료 |

송금한 거래소Gate.io에서 토큰 입금이 인식된다. 거래소 시스템에서 입금 확인과정이 진행되고, 잠시 뒤 입금이 확정된다.

주의 사항

개인간 거래P2P나 에어드랍 이벤트 시 메인넷과 테스트넷 환경 설정 상태 확인이 중요하다. 메인넷Mainnet은 실제 자산이 오가는 공식 네트워크이며, 테스트넷Testnet은 개발-테스트를 목적으로 만들어진 네트워크로 언제든 시스템이 사라질 수 있다. 테스트넷의 코인도 메인넷과 동일하게 동작하기 때문에 이를 모르는 사람들은 메인넷 코인을 받은 것으로 착각을 할 수 있다.

네트워크 추가, 변경할 때 '체인리스트ChainList' 등 공식 서비스에서 올바른 RPCRemote Procedure Call, 원격 프로시저 호출와 체인 ID를 입력하고, 지급 받은 토큰 주소 및 블록 탐색기Block Explorer에서 네트워크 환경을 확인하는 습관이 중요하다. 블록 탐색기는 블록체인 네트워크의 모든 거래 내역과 블록 정보를 실시간으로 조회할 수 있는 웹 기반 도구다.

메타마스크 우측 상단의 네트워크 표시를 통해 현재 연결된 네트워크가 '이더리움 메인넷', '폴리곤 메인넷' 등 메인넷 환경이 맞는지 확인해야 한다.

유명한 토큰USDT, USDC 등은 비슷한 이름과 심볼을 가진 토큰을 누구나 가스 수수료만 지불한다면 발행이 가능하다. 단순히 '이름'이나 '심볼'만 보고 해당 토큰을 신뢰해서는 안되고, 반드시 '컨트랙트 주소contract address'로 토큰을 식별해야 한다. 컨트랙트 주소는 블록 익스플로러Etherscan, Bscscan 등 해당 메인넷의 explorer와 토큰 프로젝트 공식 홈페이지에서 제공하는 컨트랙트 주소 정보를 통해 진위 여부를 확인할 수 있다. 특히 유명 토큰과 동일한 심볼을 쓰는 스캠 토큰은 디앱과 지갑이 구분하지 못하므로, 컨트랙트 주소 검증이 필수다.

앞으로도 보겠지만 메타마스크는 다양한 DeFi 서비스에 연결해 보유한 암호화폐의 권한을 변경하는 서명을 할 수 있다. 최근 피싱 공격으로 '가짜 디앱'을 통해 지갑 연결과 서명을 유도하고 한번의 사인을 통해 자동으로 암호화폐 자산이 탈취되는 사례가 많다. 사용 전 서비스의 공식 도메인, 컨트랙트 주소, 커뮤니티 인증, 트위터 인증 마크, 블록 익스플로러 실적을 확인해야 안전하게 내 자산을 지킬 수 있다.

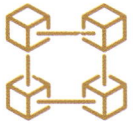

2

DEX 거래소 –

하이퍼리퀴드Hyperliquid, 아스터Aster

하이퍼리퀴드 Hyperliquid, https://app.hyperliquid.xyz/

하이퍼리퀴드Hyperliquid는 빠른 거래 체결과 높은 유동성을 제공하는 탈중앙화 거래소로, 특히 아비트럼Arbitrum 네크워크를 기반으로 구축되어 낮은 거래 수수료와 뛰어난 거래 효율성을 자랑한다. 또 플랫폼 설계에서부터 사용자 편의성을 극대화하여 다양한 기능을 갖추고 있다. 하이퍼리퀴드는 현물Spot, 무기한 선물Perpetual Futures 등의 거래를 모두 지원해 다양한 투자 전략과 트레이딩 방식에 대응한다. 비트코인BTC, USDT, USDC 등 주요 암호화폐를 포함한 총 50개 이상의 마켓이 활성화되어 있다. 특히 비트코인과 하이퍼리퀴드 토큰자체 토큰의 거래량이 전체 거래량의 대부분을 차지하며, 매우 활발한 거래가 이루어지고 있다. 하이퍼리퀴드는 투명한 거래 기록과 스마트 컨트랙트 기반의 자동화된 운영 시스템으로, 중앙화된 거래소 대비 해킹 위험과 운영 리스크를 최소화했다.

또 하이퍼리퀴드의 유동성은 시장 안정성과 슬리피지slippage, 주문가와 실제 체결가의 차이 최소화에 크게 기여한다. 높은 유동성 덕분에 주문이 신속하고 정확하게 체결되고, 거래자는 불필요한 가격 변동 위험에서 보호받을 수 있다. 또 지속적인 유동성 공급자 인센티브 프로그램을 통해 생태계 내 LP유동성 공급자를 적극 유치하고 있다. 거래 수수료의 일부를 유동성 공급자에게 분배하는 방식을 채택하여 LP 참여를 유도하는 한편, 정기적인 에어 드랍 및 스테이킹 이벤트를 통해 사용자 보상을 강화하고 있다. 이로 인해 거래소 생태계가 활발히 유지되며, 사용자 참여가 지속적으로 증가하고 있다.

사용방법

하이퍼리퀴드 dApp 거래 메인 화면

인터넷 주소창에 'https://app.hyperliquid.xyz'를 검색해 하이퍼리퀴드 서비스로 접속한다. 메타마스크 로그인을 위해 우측 상단의 'Connect' 버튼을 클릭한다.

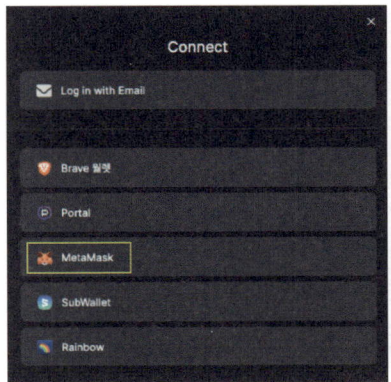

DeFi 지갑 선택 메뉴

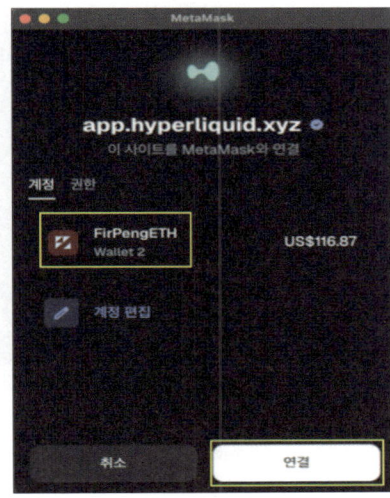

지갑 서명으로 로그인

지갑 선택 메뉴에서 메타마스크를 선택한다. 메타마스크와 하이퍼리퀴드 서비스를 연결한다.

서명을 통해 로그인 완료

지갑 서명을 통해 로그인이 완료되고, 따로 수수료와 같은 비용이 발생하진 않는다.

지갑 로그인이 된 후, 'Connect' 부분에 지갑 주소가 보인다.

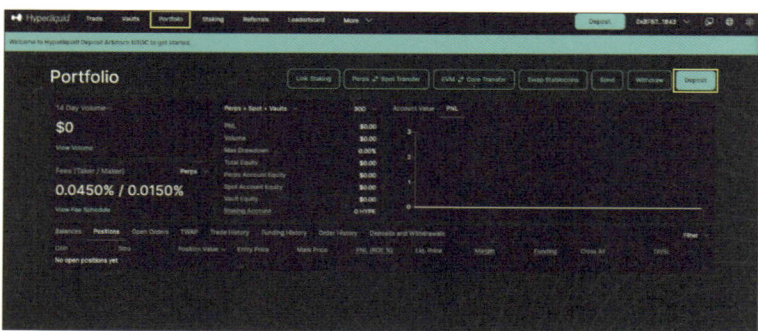

Portfolio 메뉴

자산 현황, 거래, 입출금 기록 등 계정에 대한 정보를 상세히 볼 수 있다. 'Deposit_{자산}' 버튼을 클릭해 메타마스크에 있는 테더USDT를 옮겨보자.

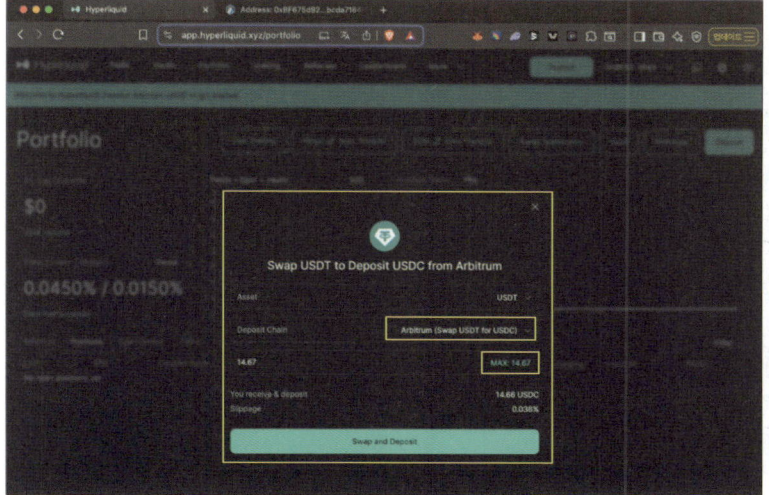

하이퍼리퀴드는 아비트럼arbitrum의 USDC로 거래가 가능하다. 현재 메타마스크에는 아비트럼의 테더USDT가 있기 때문에 하이퍼리퀴드의 스왑SWAP을 통해 USDC를 입금할 수 있다.

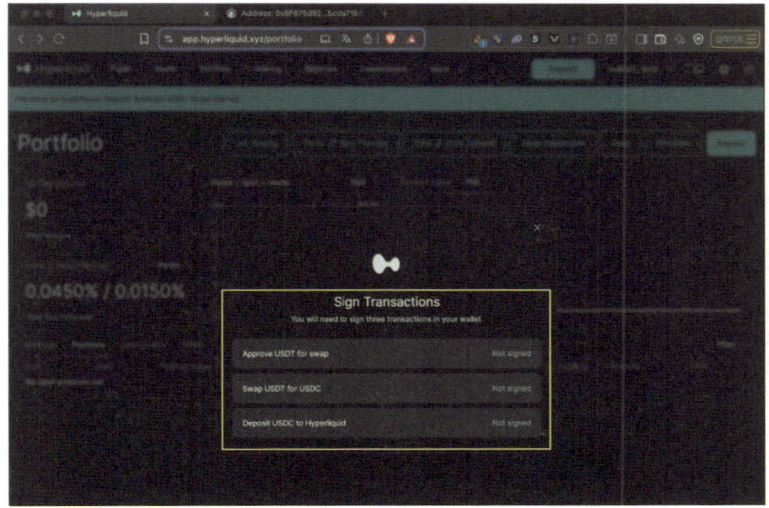

스왑 트랜잭션 (Swap transaction)

USDT를 USDC로 변경하기 위해선 3번의 트랜잭션transaction 과정이 필요하다. 즉, 3번의 사인과 3번의 아비트럼 수수료를 지불해야 한다.(아비트럼arbitrum의 유에스디코인 USDC가 있었다면 한 번의 수수료만 발생한다.)

2

막스DEX 거래소 - 하이퍼리퀴드Hyperliquid, 이스터Aster

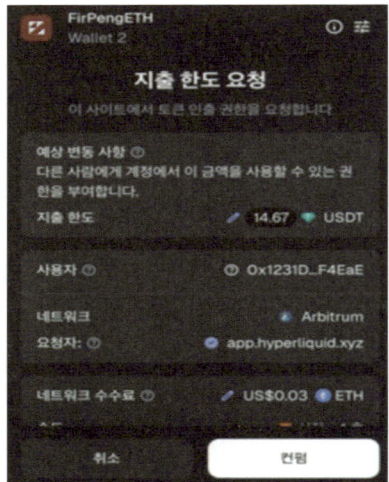

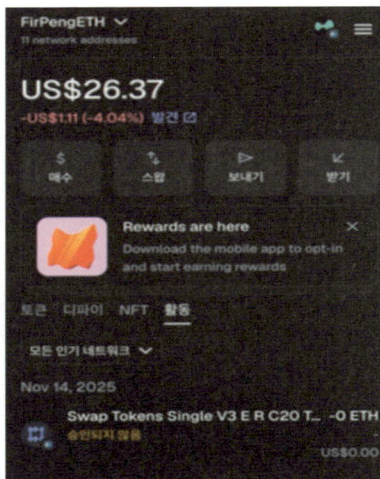

Swap Contract 1-서명   Swap Contract 1-transaction

USDT를 USDC로 스왑함을 승인하는 컨트랙트 트랜잭션contract transaction을 실행한다.

Swap Contract 2-서명   Swap Contract 2-transaction

USDT를 USDC로 변경하는 컨트랙트가 실행된다.

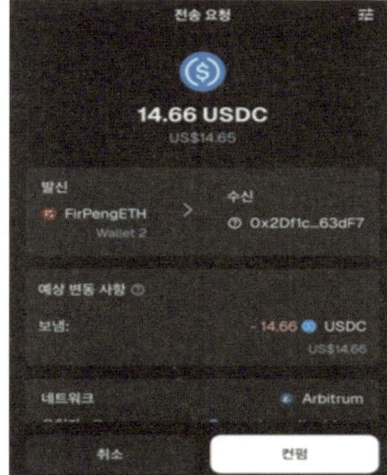
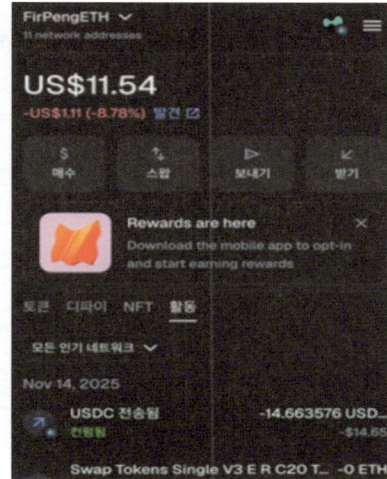

Swap Contract 3-서명   Swap Contract 3-transaction

USDC를 하이퍼리퀴드에 입금하는 컨트랙트가 실행되고 입금이 완료된다.

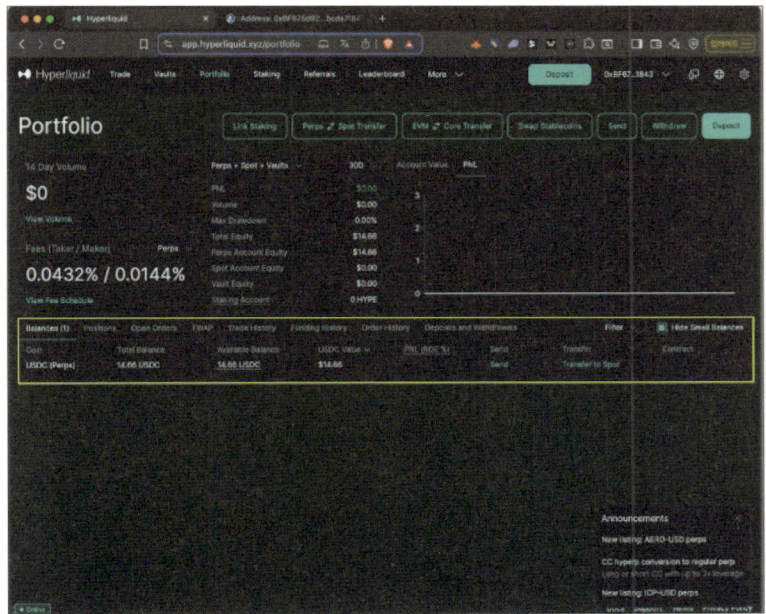

Portfolio > Balances

입금된 USDC를 확인할 수 있다.

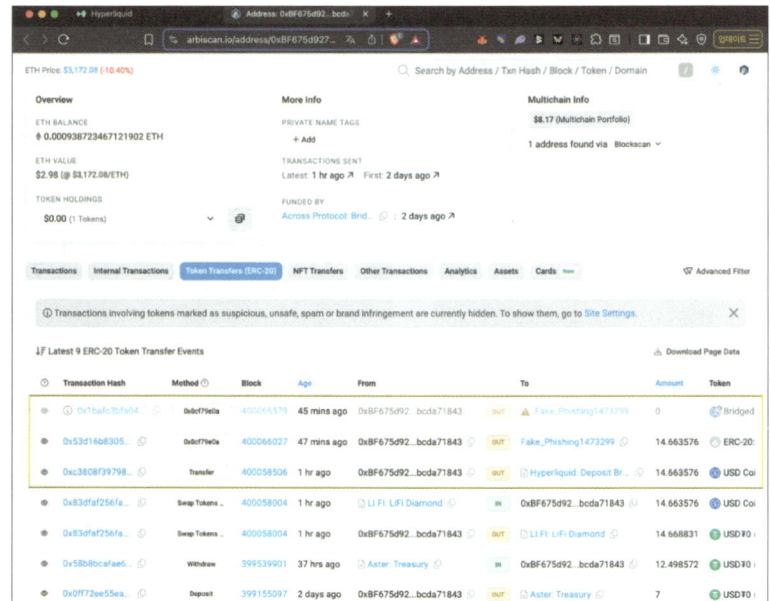

arbiscan, onchain 정보 확인

Arbiscan에서 앞서 설명한 3가지 트랜잭션transaction을 확인할 수 있다.

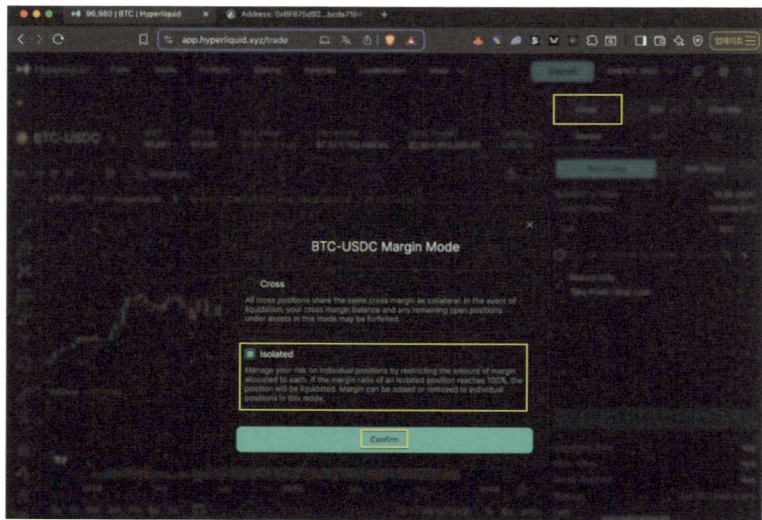

Margin Mode 변경

'Margin Mode'를 'Isolated'로 변경한다. 'Isolated'에 대한 설명은 앞서 CEX 파트에서 설명한 내용을 참고하면 된다.

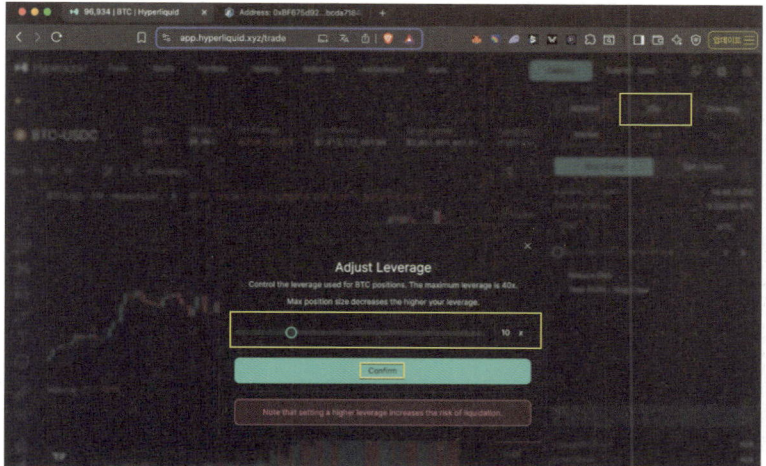

레버리지 변경

레버리지Leverage를 일단 '10x'으로 설정해보자. 최소 담보금이 있기 때문에 담보금 부족이라는 메시지가 나온다면 USDC 잔고를 늘리거나 레버리지 배율을 높여야 거래가 가능하다.

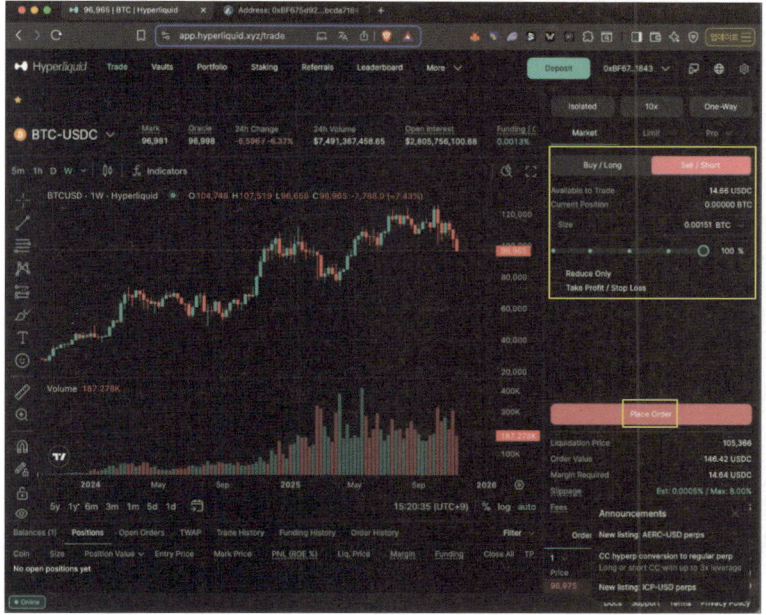

BTC-USDC Perpetual 마켓 Position 설정

최소 담보금 설정을 맞춘 후, BTC-USDC 'Perpetual 마켓'의 'Sell/Short' 포지션을 설정한다.

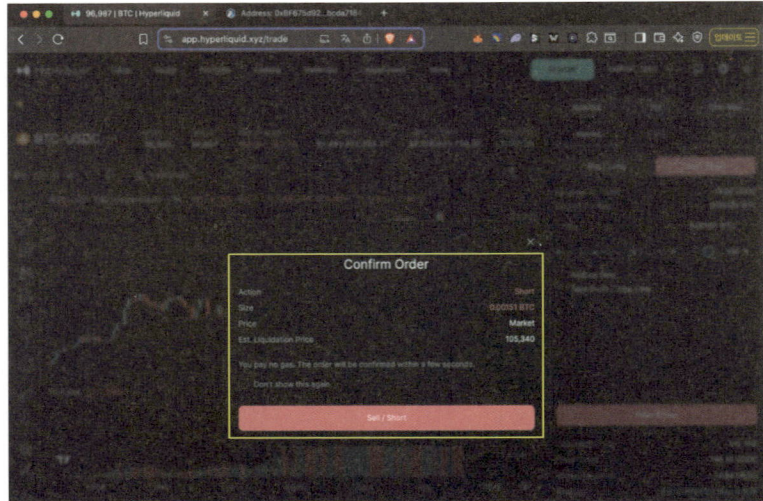

BTC-USDC Perpetual 마켓 Position 신청

BTC-USDC 'Perpetual 마켓'의 설정한 'Sell/Short' 포지션으로 체결된다.

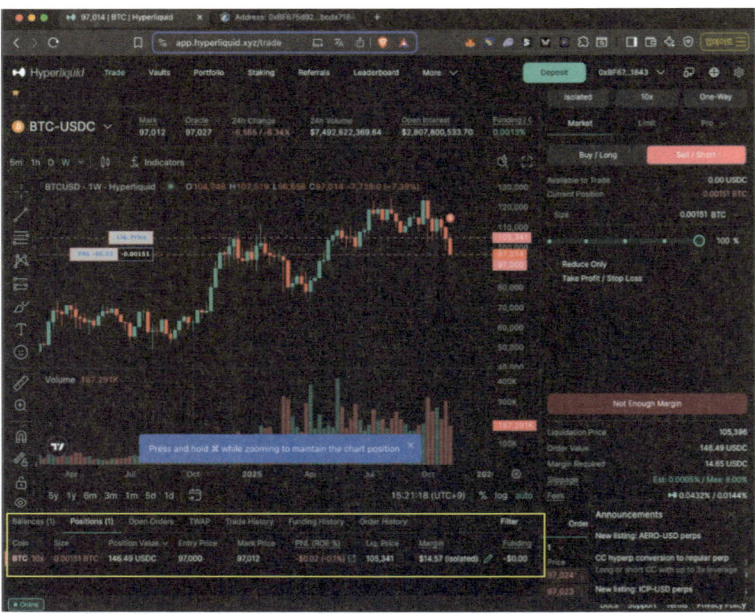

Position 확인

체결된 포지션을 확인할 수 있다.

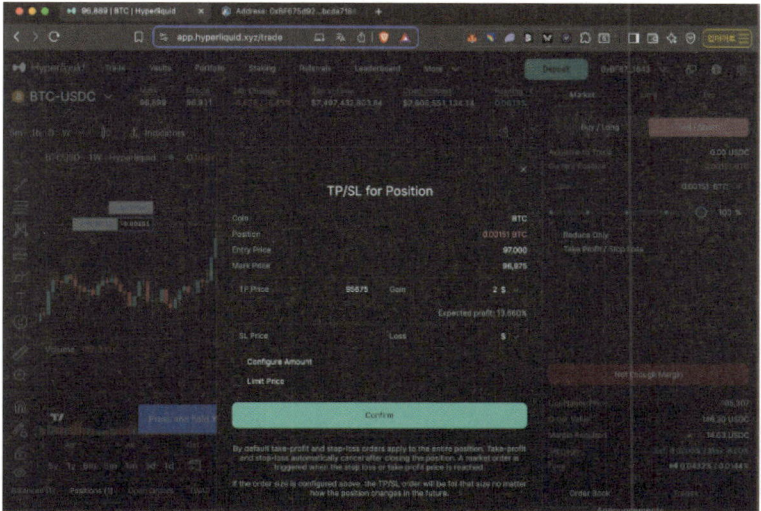

CEX 거래소와 마찬가지로 손익 체결TP, Take Profit과 손실 차단SL, Stop Loss 설정이 가능하다.

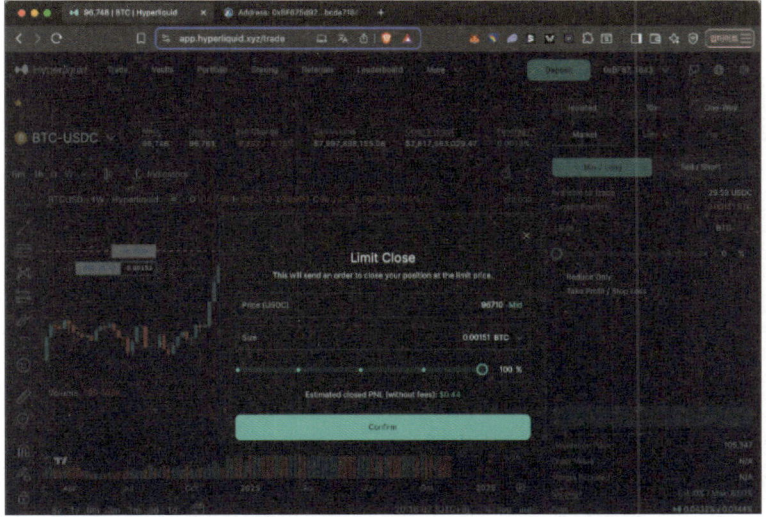

Limit Close

지정가 체결 역시 가능하다.

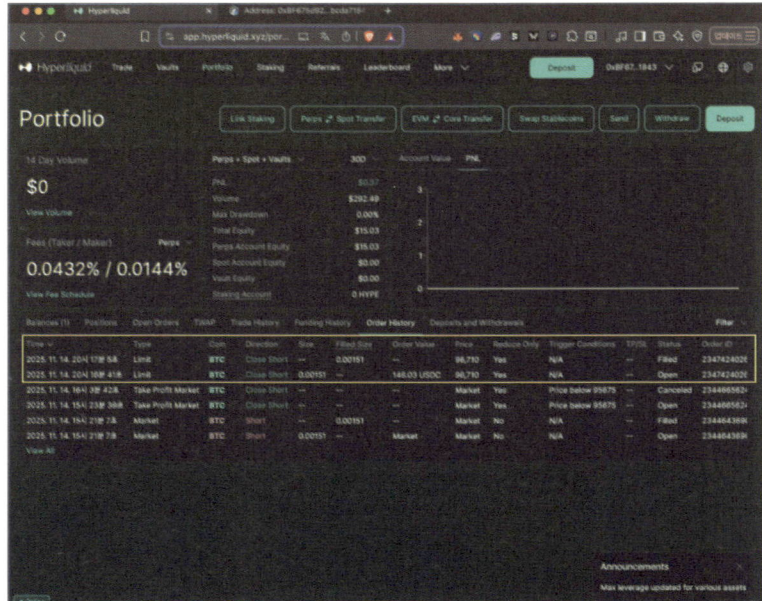

체결 결과

포지션 정리가 완료된다. 'Portfolio - Order History'에서 체결이력 확인이 가능하다.

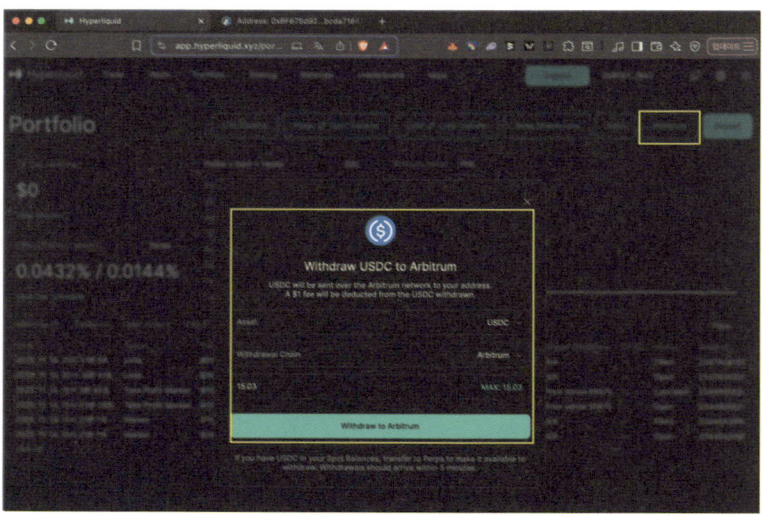

BTC-USDC Perpetual 마켓 Position 신청

우측 상단에 'Withdraw' 버튼을 클릭하고, USDC 출금 수량을 지정한다.

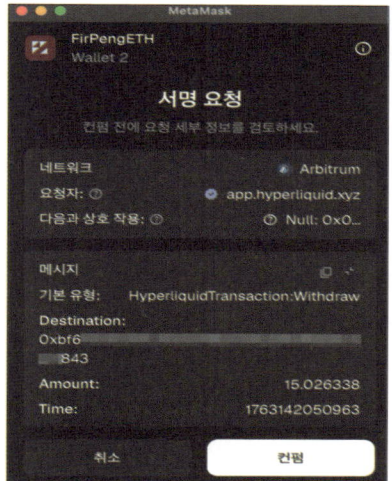

출금 신청 서명

출금 신청에 서명하면 출금 과정이 실행된다.

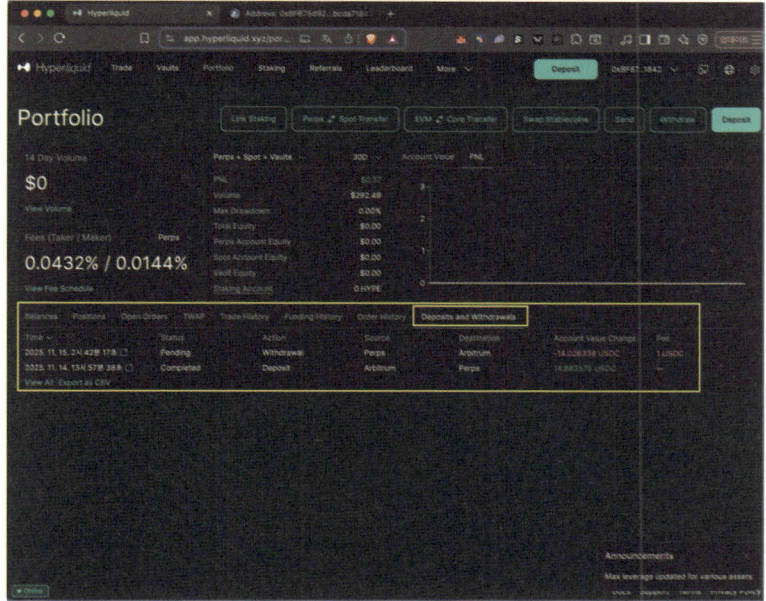

출금 절차 진행 중

출금 수수료는 1 USDC이며, 출금 신청이 진행된다.

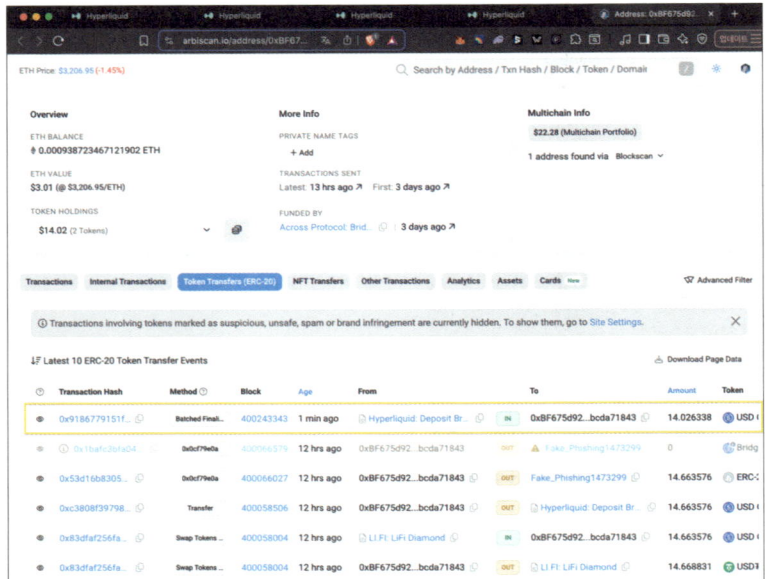

출금 완료

온체인 상에서 출금 절차 실행이 완결되고, 출금된 금액이 메타마스크로 옮겨진다.

주의 사항

하이퍼리퀴드에서는 최대 25~40배(자산마다 상이) 레버리지로 Perpetual 상품 거래가 가능하지만, 높은 잠재 수익과 함께 매우 큰 손실 위험이 상존한다. 시장 급변 시에는 대규모 청산이 발생할 수 있으므로 반드시 포지션 크기와 레버리지 비율을 신중히 조정해야 한다.

하이퍼리퀴드는 DEX는 별도 운영 주체가 없는 탈중앙화 방식으로, 오입금이나 실수, 피싱 등이 발생하더라도 공식적인 CS 창구에서 보상을 받기 어렵다. 검증되지 않은 경로나 의심스러운 링크, 사칭 등 비공식-미인증 경로를 통한 접속은 반드시 피해야 한다.

하이퍼리퀴드는 완전한 규제 환경에서 운영되는 플랫폼이 아니므로, 입법 및 규제 변화에 따라 예치지 않은 제한, 제재, 또는 위험이 발생할 수 있음을 유념해서 사용해야 한다. 따라서 처음 거래를 시작할 때는 소액으로 시스템 프로세스와 체결 방식 등을 충분히 익히고, 본격적인 투자 이전에 플랫폼 구조에 대한 이해도를 높이는 것이 안전하다.

아스터 Aster, https://www.asterdex.com/en

아스터는 DeFi 시장 내에서 주목받는 차세대 탈중앙화 거래소DEX로, 특히 선물Perpetual Futures 거래에 강점을 갖고 있다. 아스터는 사용자가 개인 소유의 지갑으로 자산을 직접 통제하는 완전한 탈중앙화를 지향하면서도, 중앙화 거래소CEX의 편의성과 강력한 거래 엔진을 구현하려는 목표를 가지고 있다. 이를 위해 빠른 거래 체결, 최소한의 거래 수수료, 다양한 레버리지 옵션, 그리고 안전하고 투명한 스마트 컨트랙트 시스템을 제공한다.

특히 바이낸스와 같은 대형 글로벌 거래소와의 협력 및 통합을 지속적으로 확대하여 신뢰성과 거래량 면에서 경쟁력을 갖추고 있다. 또한 자체 토큰 '아스터Aster'를 중심으로 하는 생태계가 활발히 운영되어 거래소 내에서 보상 프로그램과 커뮤니티 활동이 활발하다.

현물Spot, 무기한 선물Perpetual Futures 거래 등 다양한 금융 상품을 지원한다. 이를 통해 사용자는 현물 자산뿐만 아니라 다양한 파생상품을 거래하며 시장의 변동성을 활동한 다채로운 투자 전략을 구사할 수 있다.

사용자는 거래량에 따른 포인트 적립과 토큰 스테이킹 등 인센티브 프로그램을 운영하여 활발한 거래 참여를 유도한다. 거래자들은 자신의 거래 활동에 비례해 보상을 받고, 플랫폼 안전성에 기여하는 동시에 리스크 관리를 위한 다양한 도구도 지원한다.

아스터는 기술적 혁신과 사용자 중심 서비스를 결합한 DEX로, 탈중앙화 금융 시장에서 독보적인 입지를 다지고 있고, 기존 중앙화 거래소가 가진 유동성, 속도, 사용자 경험 문제를 스마트 컨트랙트와 레이어2 네트워크 기술로 해결하며, 보다 안전하고 투명한 거래 환경을 제공한다. 향후 Web3 기술 발전과 함께 더욱 고도화된 기능과 글로벌 사용자를 아우르는 서비스가 기대된다.

사용방법

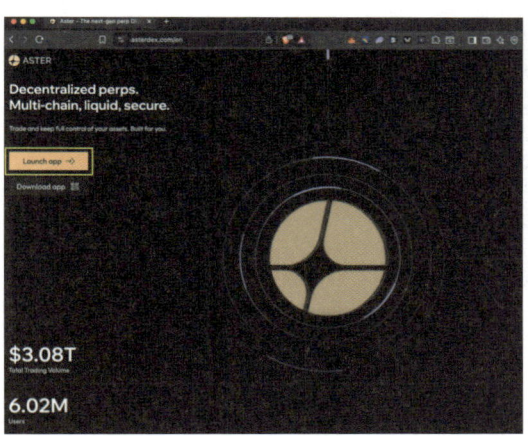

'Launch app' 클릭

웹 브라우저에서 'asterdex.com'을 입력하고 서비스에 접속한다.

'Launch app'을 클릭해서 서비스 사용화면으로 넘어간다.

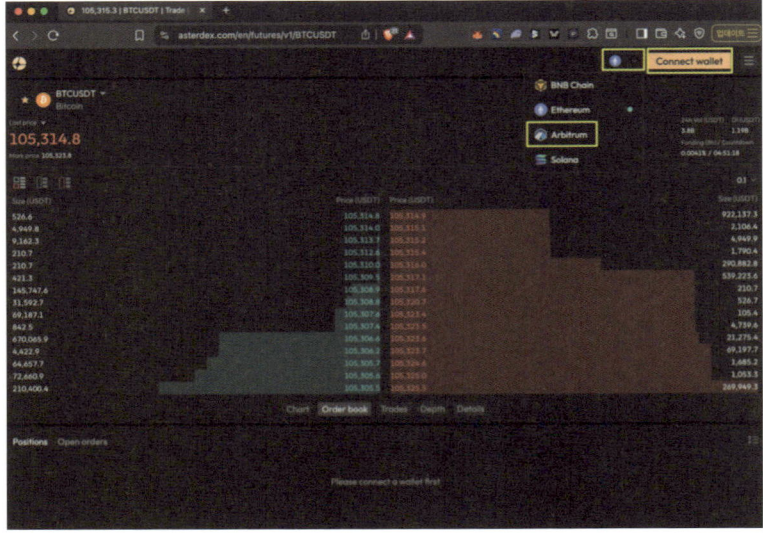

네트워크 선택 및 지갑 연결

현재 메타마스크에는 아비트럼ARBITRUM의 테더USDT를 가지고 있다. 서비스를 아비트럼으로 선택하고 'Connect wallet'을 클릭해 지갑을 연결한다.

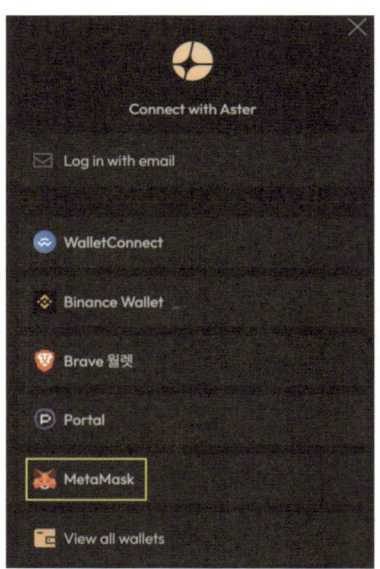

지갑 선택

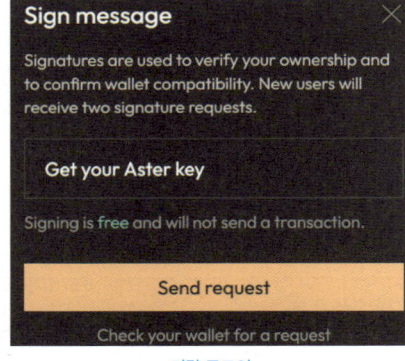

지갑 로그인

지갑 로그인을 위해 메타마스크를 선택한다. 그리고 지갑 소유권에 대한 서명에 승인 요청을 보낸다.

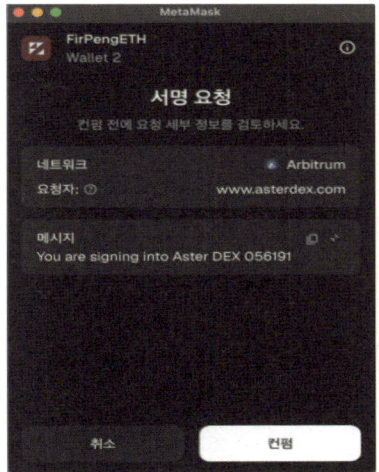

서명 요청

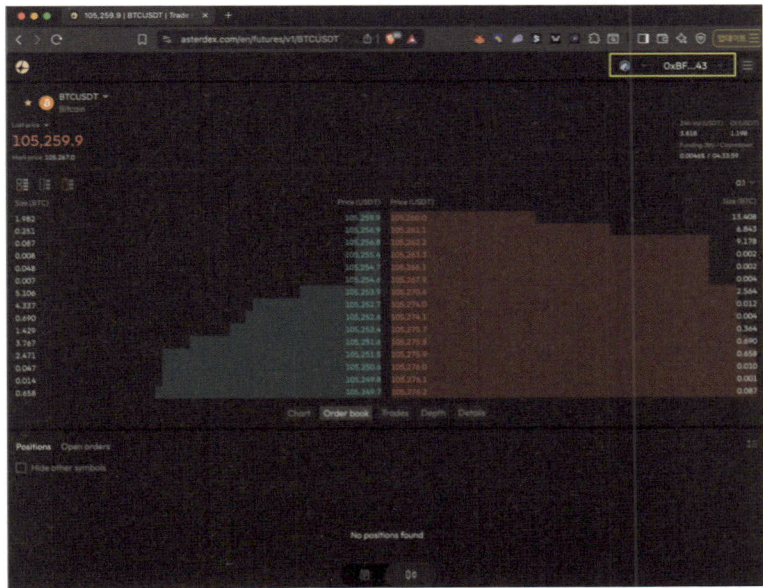

지갑 로그인 완료

메타 마스크 서명 요청을 확인한다. 지갑 연결에 성공한 것을 확인할 수 있다.

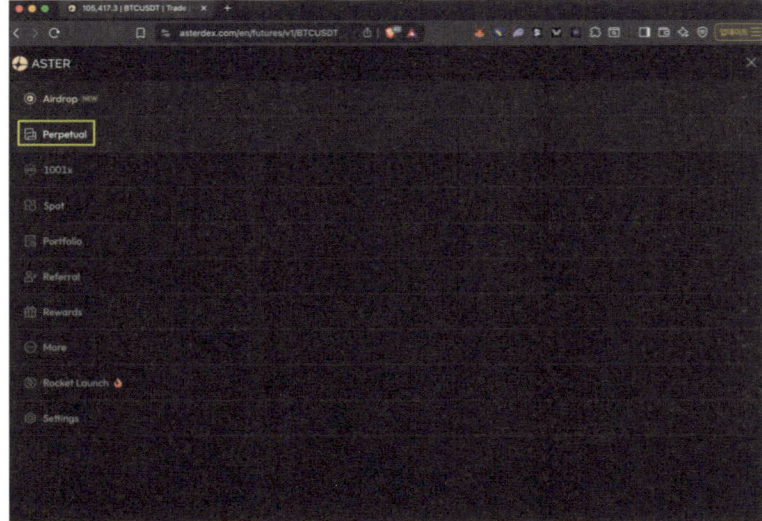

'Perpetual 마켓' 이동

메뉴 버튼에서 'Perpetual 마켓'을 선택한다.

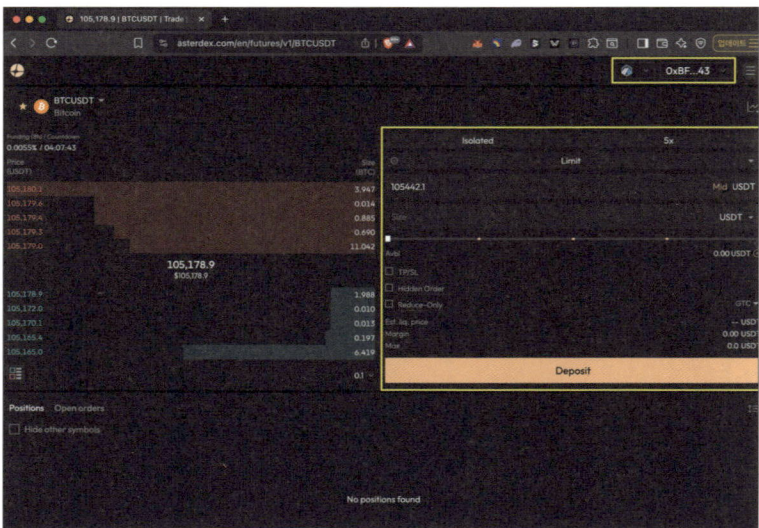

'Perpetual 마켓' 화면

거래창이 보이고 위측 상단에 지갑을 클릭해 거래 금액을 입금할 수 있다.

지갑 확인

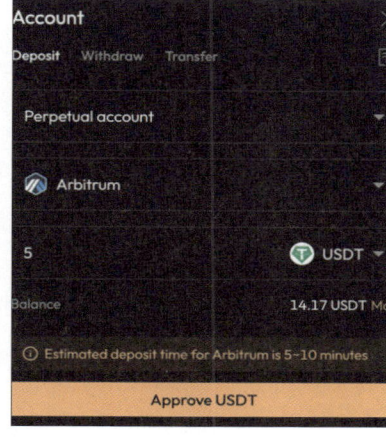

입금 시도

지갑 화면에서 'Deposit'을 클릭하고, 'Perpetual account'에 아비트럼 네트워크 Arbitrum network의 USDT테더를 입금한다. 이때, 메타마스크 지갑에 아비트럼 네트워크의 이더ETH가 있어야 한다. 이더는 거래 수수료 지불용으로 사용된다.

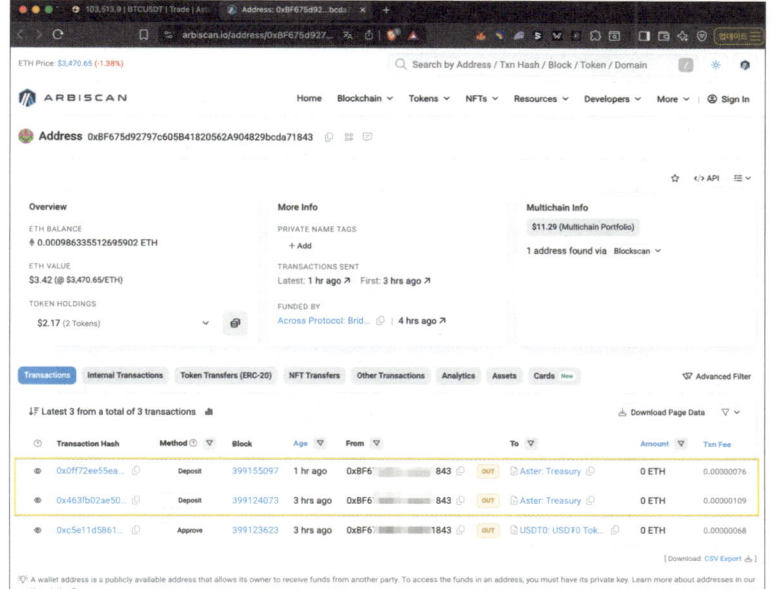

입금 트랜잭션 확인

아스터 Dex 거래소에 2차례 입금을 시켰고, 2개의 트랜잭션을 확인할 수 있다. 수수료가 2번 발생했다.

입금 수량 확인

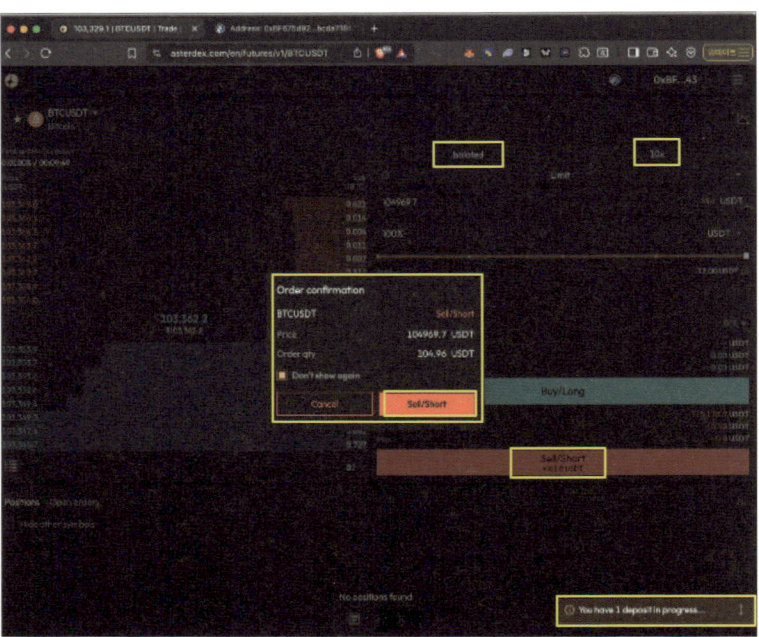

BTCUSDT 마켓

거래옵션을 'Isolated, 10x'로 설정했다. 설정에 대한 내용은 앞서 CEX 거래소를 참고하면 된다. 최소 증거금이 있고, 설정된 거래옵션으로 거래가 진행되지 않는다면 추가 입금을 하거나 배율을 높여야 최소 증거금을 맞출 수 있다.

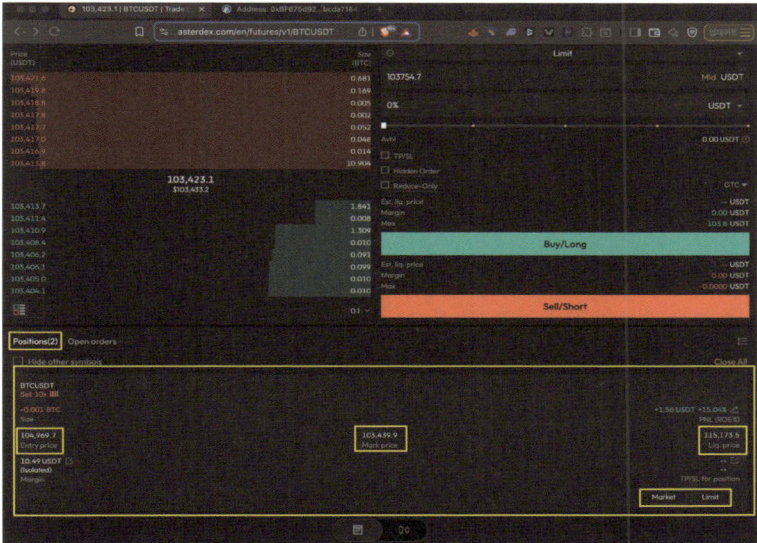

Position 현황

선택한 'Sell Position' 현황을 볼 수 있다. 'Entry price진입가격'보다 'Mark Price현재가
격'이 낮기 때문에 현재 수익을 보고 있다. 계약 사이즈는 0.001 BTC이고, 115,175.5
USDT에 도달하면 청산될 수 있다. 포지션을 정리하기 위해선 'Market' 또는 'Limit'을
선택한다.

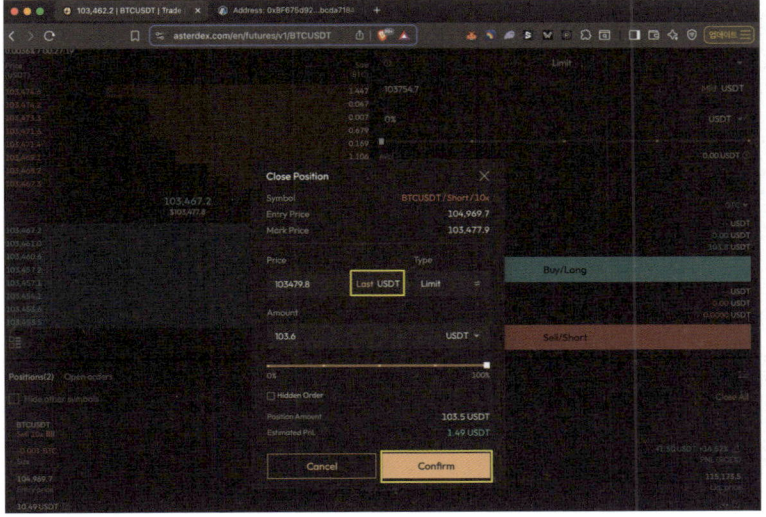

포지션Position 정리1 (Limit)

포지션Position을 정리할 가격을 지정하고, 해당 가격에 도달하면 포지션이 정리된다.

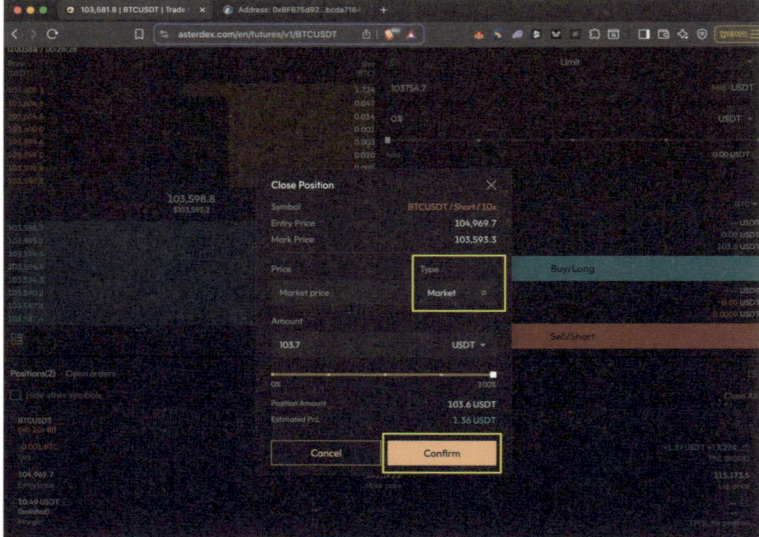

Position 정리 2 (Market)

시장가격에서 포지션을 정리한다.

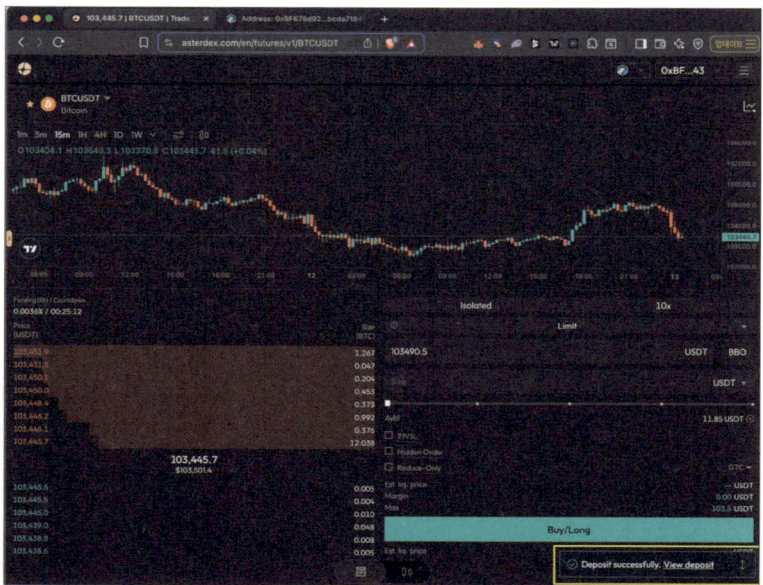

Market Position 정리

잔고 확인

현재 가격으로 포지션을 정리했고, 빠르게 포지션이 정리되어 보통 Limit지정가보다 수익이 낮게 정리된다. 잔고를 출금하기 위해서 'Withdraw' 버튼을 클릭한다.

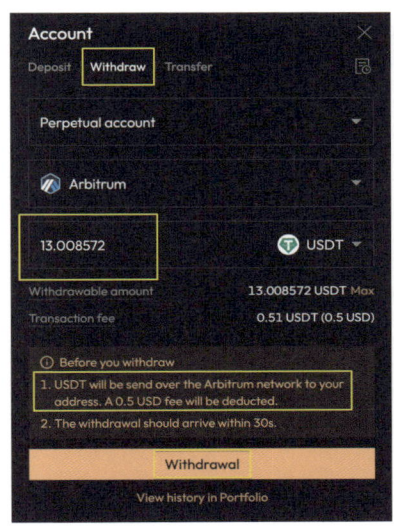

출금 신청

출금 서명

잔고를 메타마스크로 출금 신청한다. 이때 0.5 USDT 출금 수수료가 발생한다. 그리고 출금 트랜잭션을 발생시키기 위해 서명을 진행한다.

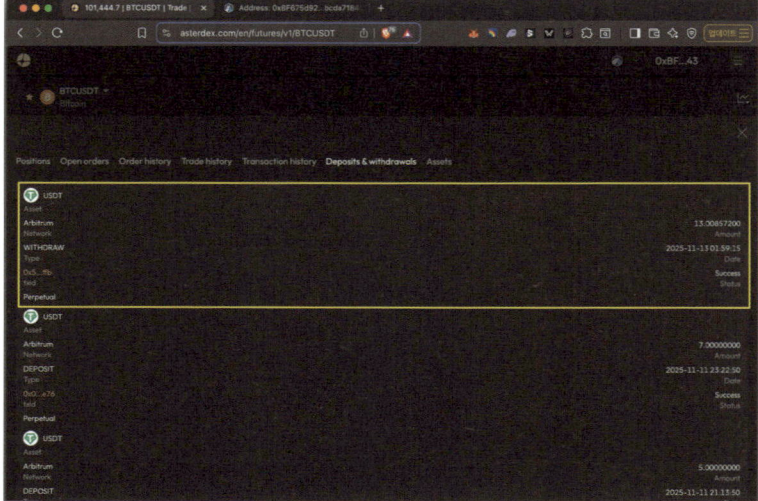

출금 진행

출금 트랜잭션이 실행되었다.

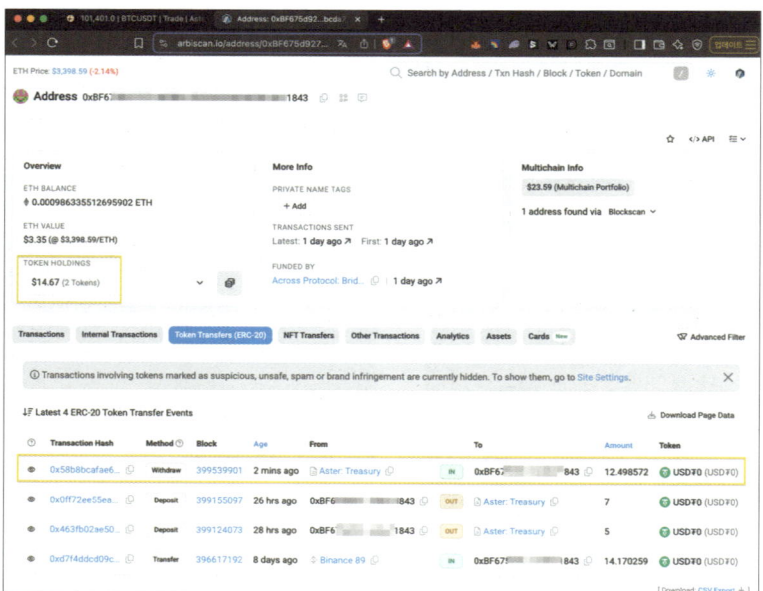

입금 트랜잭션 확인

출금 트랜잭션을 확인 수 있고, 실제 메타마스크 잔액도 증가함을 확인할 수 있다.

주의 사항

최대 200배 레버리지로 U.S. 선물과 암호화폐를 거래할 수 있지만 높은 잠재 수익과 함께 높은 리스크가 공존하는 환경을 제공한다. 시장 변동성이 클 때 청산 위험이 있으므로 포지션 크기와 레버리지 비율을 적절히 조절해야 한다.

다양한 블록체인 네트워크를 지원하며, 별도의 자산 브리징자산을 다른 네트워크로 전환 없이 즉시 거래를 처리하는 환경을 제공한다. 자산 브리징은 서로 다른 블록체인 네트워크에 존재하고 있는 자산을 안전하게 이동시키거나 상호 운용할 수 있도록 연결하는 과정을 의미하고, DeFi 생태계의 핵심 기능으로 보면 된다. 다만 거래 시 올바른 체인을 선택하지 않으면 자산 손실이나 거래 실패로 이어질 수 있다. 각 체인의 네트워크 상태 및 수수료 변동성을 고려해 원활한 거래를 위한 계획적 접근이 필요하다.

다수의 거래자 풀에서 유동성을 공급하고 있지만 특정 시점에서 유동성 저하로 즉시 체결되지 않은 상황이 발생할 수 있고, 예상한 가격보다 큰 체결 가격의 차이가 나는 슬리피지가 발생할 수 있다.

특히, 비공식 경로나 의심스러운 채널을 통한 접속은 절대 피해야 한다. 처음 사용할 때는 소규모 거래를 통해 시스템에 익숙해지는 과정을 거치는 것이 안전하다.

3

리밋리스
Limitless

리밋리스는 차세대 금융 플랫폼으로, 자연어 표현 기반의 거래 시스템을 도입해 사용자가 자유롭게 시장 조건을 설정하고 이를 거래할 수 있는 서비스를 제공한다. 전통적인 금융 시장과 달리 복잡한 코딩이나 전문 지식 없이도 누구나 쉽게 자신의 리스크를 관리하고 미래 가격이나 지표 변동에 대한 예측을 거래할 수 있는 새로운 차원의 금융 생태계를 구축하고 있다. 또 다양한 시장 데이터를 통합하여 리스크 평가, 예측 모델, 거래 실행을 자동화하는 강력한 엔진을 제공하여 정확한 가격 산정과 빠른 거래를 지원한다. 이를 통해 금융 전문가뿐 아니라 초심자도 손쉽게 시장에 참여할 수 있는 환경을 만든다.

리밋리스의 모든 거래는 블록체인 기술로 투명하고 안전하게 기록된다. 스마트 컨트랙트 기반 운영으로 중앙 집중화된 관리자의 개입 없이도 거래 조작이나 사기를 방지하며, 완전한 탈중앙화와 사용자 자산 보호를 실현한다. 이는 오늘날 금융 시장 참여자들이 가장 우려하는 보안 문제를 해결하는 데 핵심적인 역할을 한다.

사용자 보상을 위해 자체 토큰 LMTS를 활용한다. 거래 활동, 이벤트 참여, 커뮤니티 기여 등을 통해 LMTS 토큰을 획득할 수 있으며, 이를 활용해 거래 수수료 할인, 스테이킹, 추가 투자 기회 등을 누릴 수 있다.

사용방법

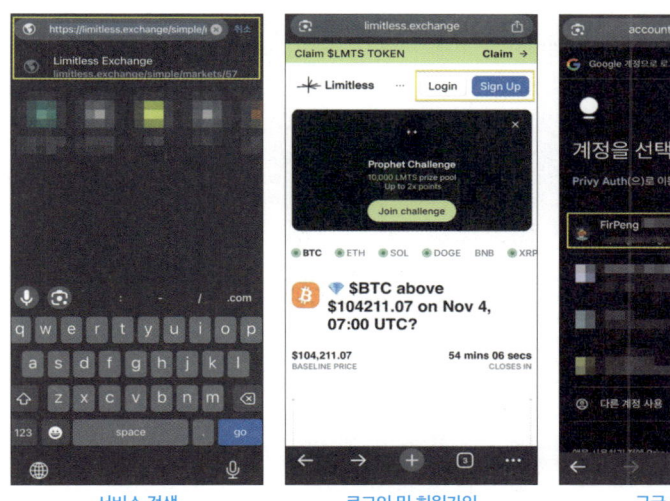

서비스 검색　　　　　　로그인 및 회원가입　　　　　　구글 계정 사용

리밋리스는 웹서비스로 이용할 수 있다. 크롬 웹 브라우저에서 'limitless.exchange'를 입력하고 접속한다. 서비스 이용을 위해 회원가입 및 로그인을 진행한다. 간편한 사용을 위해 구글 계정으로 로그인할 것을 권장한다.

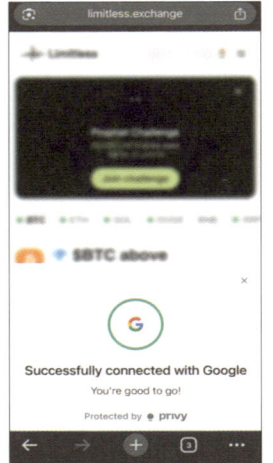
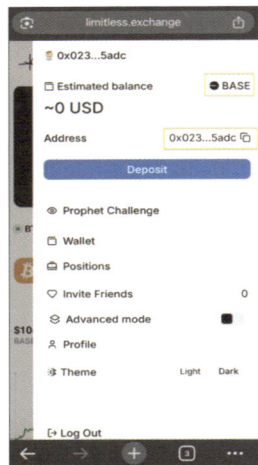

google 계정 선택	로그인 완료	연결 상태 확인

로그인할 구글 계정을 선택하면 연결이 완료되고, 로그인과 함께 지갑이 만들어진다. 메타마스크 지갑을 사용할 수 있지만, 수수료로 베이스BASE 체인의 ETH를 별도로 확보하고 있어야 한다. 무료 수수료 이용 및 수수료 부족으로 인한 트랜잭션 실패를 피하기 위해 구글 계정 로그인을 권장한다. 로그인 후, 서비스 이용을 위해 생성된 지갑에 베이스 체인의 유에스디코인USDC를 입금해야 한다. 지갑주소를 복사하고, 바이낸스에서 USDC를 출금해 리밋리스 지갑으로 입금하는 과정이 먼저 필요하다.

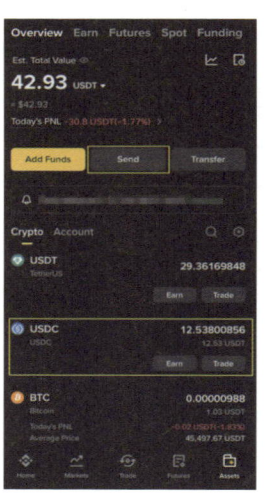
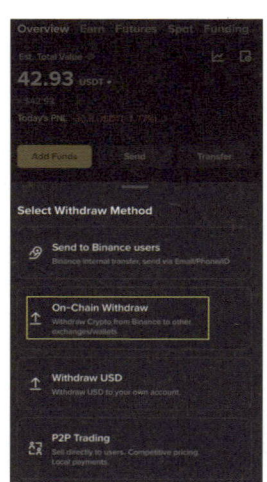
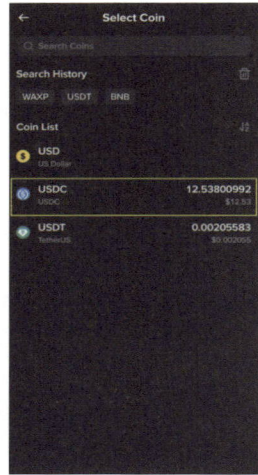

잔고 확인 및 전송	온체인 출금	출금 자산 선택

바이낸스에서 출금할 USDC 잔액을 확인한 후, '전송Send' 버튼을 클릭한다. 출금 방식은 '온체인 출금On-Chain Withdraw'이고, 출금 자산으로 USDC를 선택한다.

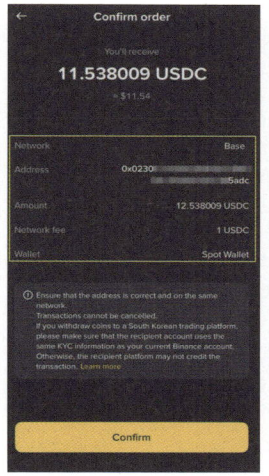
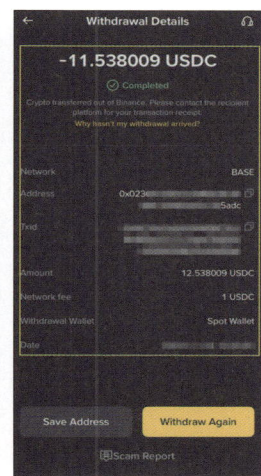

| 출금 신청 내역 작성 | 출금 신청 내역 확인 | 출금 완료 |

출금 신청 내역을 작성한다. 리밋리스 서비스 지갑 주소, 네트워크 선택, 수량 등을 입력한다. 출금 신청 내용을 확인 후, 출금이 진행된다. 일정 시간 후 출금이 완료된다.

| ETH 마켓 확인 | 예측 방향 설정 | 컨트랙트 실행 완료 |

ETH 마켓이 특정 시점에서 일정 가격을 기준으로 올라갈지 아닐지를 선택한다. 이 과정에서는 코인 가격이 기준 가격 아래로 내려갈 것에 3 USDC를 배팅했다. 코인 가격이 상승할 것이라고 본 사용자가 많은 상황에서, 반대로 배팅한 우리 예상이 맞다면 7배에 달하는 20.08 USDC를 받을 수 있는 계약이 설정됐다. 해당 신청은 스마트 컨트랙트로 실행되어 베이스BASE 블록체인에 기록되고, 누구도 해당 기록을 위·변조할 수 없다.

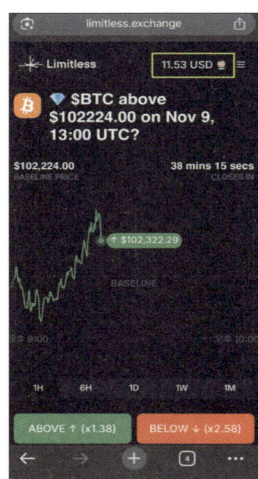

BTC 마켓   예측 방향 설정 완료

BTC 마켓도 마감 시점에 기준 가격을 기준으로 아래로 내려가는 것으로 예측 컨트랙트를 실행했다. 2달러를 계약했고, 현재는 기준 가격보다 높은 상태다. 만약 기준 시점 이전에 계약을 판다면, 현시점에서는 계약이 불리한 상황이라 일부 손해를 각오해야 계약금을 회수할 수 있다. 반대로 마감 시점 이전에 계약이 유리한 상황이라면 이득을 보고 계약을 미리 팔 수 있다. 계약을 팔려면 'Sell'을 선택하면 된다.

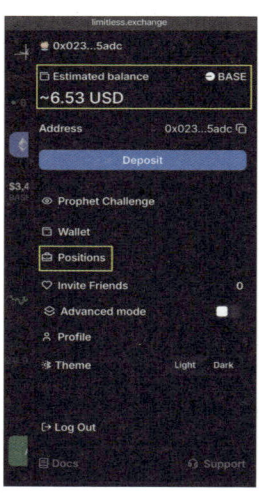

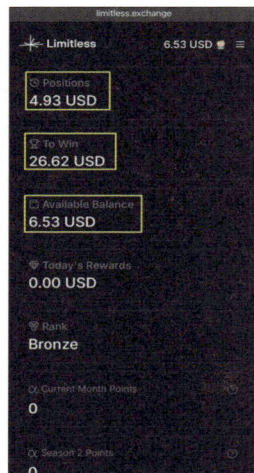

메인 메뉴   현재 Position 현황1   현재 Position 현황2

메인 메뉴에서 서비스에 대한 설정 및 이용 현황을 확인할 수 있다. '포지션Positions' 메뉴에 접속하면 앞서 계약을 체결했던 내역들이 보인다. 그리고 계약을 체결한 계약금액과 성공 시 얻을 수 있는 수익금까지 확인이 가능하다.

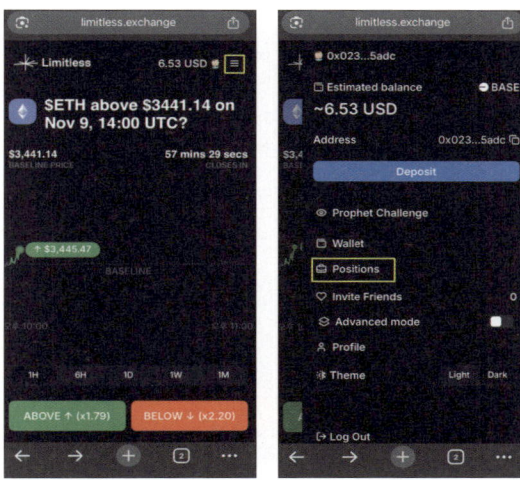

Positions 종료   메인 메뉴

사전에 설정한 포지션이 종료되었다. 메인 메뉴에서 '포지션Positions' 화면으로 이동한다.

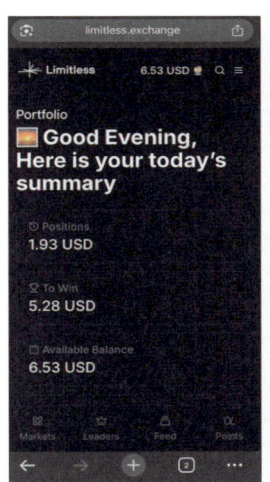

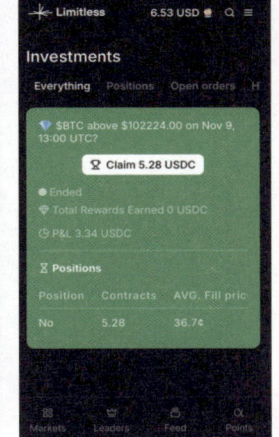

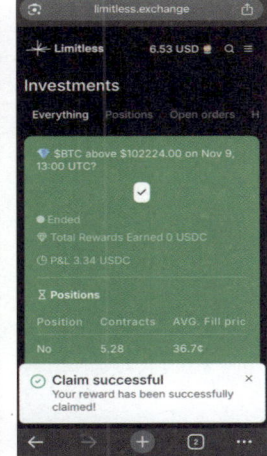

Positions 결과   BTC 마켓 Position Won   Claim 완료

BTC와 ETH 중 ETH 계약은 청산되었고, BTC 계약은 'Won'했다. BTC 계약을 통해 5.28 USDC를 획득할 수 있고, '클레임Claim'을 통해 지갑 잔고로 입금된다.

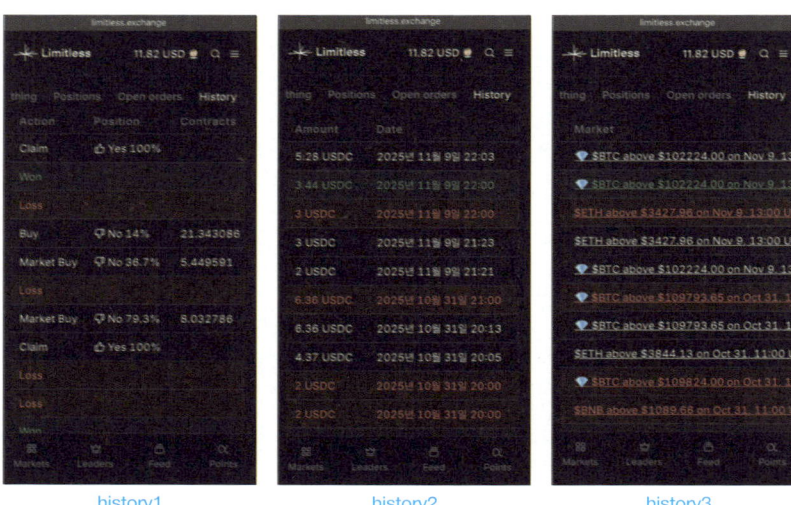

| history1 | history2 | history3 |

'히스토리history'에서는 참여한 마켓과 계약내역, 그리고 마감 시점의 계약 결과를 확인할 수 있다.

현황

클레임Claim 컨트랙트가 완료된 후, 이용 가능한 자산을 확인할 수 있다.

주의 사항

예측 시장은 기본적으로 위험을 헤지hedge, 위험 분산하기 위한 수단으로 사용하는 것이 안전하다. 현물거래와 함께 이용하여 손실을 최소화하는 방향으로 서비스 사용도를 높이고 서비스 사용에 대한 보상을 통해 추가적인 수익 실현도 가능하다. 한 번에 너무 큰 금액을 특정 마켓에 계약하는 것은 높은 이익을 얻을 가능성도 있지만, 그와 동시에 계약금액을 전부 청산당하는 리스크 역시 상존한다.

리밋리스에서는 계약의 마감 시일 이전에 계약을 정리(판매)하는 기능도 제공하고 있다. 손익을 마감 시일 이전에 정리하는 방안도 자산을 운영하는 하나의 전략일 수 있다.

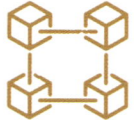

4

피기셀
Piggycell

피기셀은 실물 인프라인 휴대폰 충전기 네트워크를 온체인 기록 및 인센티브 시스템과 연결하는 독창적인 블록체인 기반 프로젝트이다. 한국 전역에 걸쳐 1만 4,000개 이상의 충전소와 10만 대 이상의 충전 장비를 운영하며 400만 명이 넘는 유료 사용자를 보유한 피기셀은 웹2Web2의 실생활 서비스를 웹3Web3 기술과 결합해 사용자 경험을 혁신하고 있다.

피기셀의 핵심 비전은 일상생활에서 발생하는 전력 사용 및 충전 활동을 투명하고 신뢰성 있는 온체인 데이터로 전환함으로써, 사용자와 인프라 제공자 모두가 혜택을 누릴 수 있는 생태계를 만드는 것이다. 이를 통해 실제 물리적 서비스 사용과 블록체인 보상의 긴밀한 연동을 실현하여, 탈중앙화된 참여 경제 모델을 구현하고 있다.

피기셀은 ICPInternet Computer Protocol와 BNB Chain의 이중 네트워크 아키텍처를 활용해 충전기의 대여, 반납, 충전 이벤트를 실시간으로 온체인에 기록한다. 피기셀은 사용자들이 충전소에서 전력을 빌리고 반납하는 과정을 기반으로 'Charge-to-Earn' 인센티브를 제공한다. 사용자가 피기셀 앱을 통해 충전기를 대여하고, 정상적으로 반납 및 충전 활동을 수행할 때마다 이에 상응하는 보상 토큰을 지급받아, 충전에 따른 실제 사용 가치를 온체인에서 정당하게 인정받는 구조다. 이 모델은 단순히 사용자가 충전 서비스를 이용하는 것에서 나아가, 활동 기반 경제를 활성화하여 사용자 참여를 유도하는 새로운 형태의 '사용자 보상 경제'를 실현하고 있다.

피기셀은 특정 충전소 또는 지역에 대한 관리를 표현하는 NFT를 발행하고, 해당 NFT 소유자에게 사용 기반의 보상을 제공한다. 이러한 NFT는 물리적 자산과 연동된 디지털 자산으로서, 토큰 소유자가 해당 지역의 충전 활동에서 발생하는 보상과 혜택을 받을 수 있는 권한을 부여한다. 이 메커니즘은 오프라인 인프라와 블록체인 자산의 융합을 보여주는 대표적인 사례로, RWAReal World Asset, 실물자산 프로젝트의 예시를 볼 수 있다. 보통 디지털 형태 자산과 서비스만으로 구성된 프로젝트들이 대다수이지만 피기셀은 오프라인에 충전돼지휴대용 배터리 인프라와 접목된 프로젝트라는 점에서 차별성이 있다.

❶ 사용 방법

피기셀의 출석체크 및 피기게임 방법을 소개한다. dApp에서는 매일 출석 체크와 피기게임Play to Earn을 통해 PGW를 획득할 수 있고, 재단에서 정한 일정에 맞게 PGW를 PIGGY로 교환할 수 있다.

dApp 페이지 이동

구글로 로그인

지메일 선택

웹브라우저에서 dApp 홈페이지 'https://app.piggycell.io/ko/home'에 접속한다. '구글Google 계정으로 로그인'을 진행하는 것을 추천한다. 그리고 본인의 지메일 계정을 선택한다.

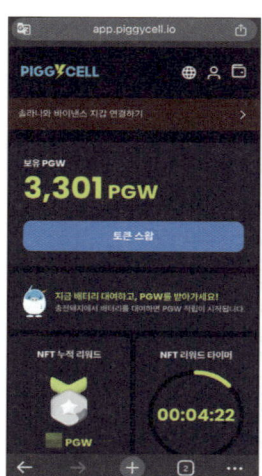
메인 화면

출석체크

출석 PGW 획득

로그인 완료 후, 출석체크를 진행해 PGW를 획득할 수 있다.

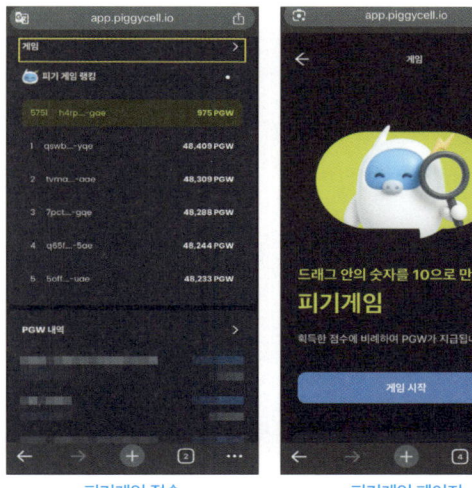

피기게임 접속 · 피기게임 페이지

피기게임 참여자들의 랭킹이 보인다. 게임 영역을 클릭하여 게임 페이지에 접속하고, 게임 시작 버튼을 클릭하여 게임에 참여할 수 있다.

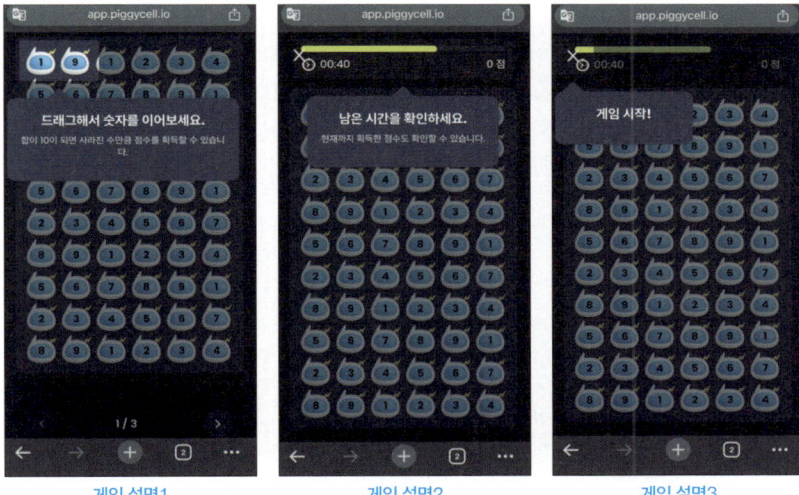

게임 설명1 · 게임 설명2 · 게임 설명3

게임을 플레이하는 설명들이 차례로 나온다. 원 안의 숫자가 10이 되도록 드래그하면 점수가 올라간다.

게임 시작

게임 결과

게임 플레이를 진행하고, 결과에 따라 PGW를 획득할 수 있다.

❷ 피기셀 NFT

피기셀 NFT는 솔라나SOLANA 네트워크에서 발행민팅된 토큰으로, 구매를 위해서는 솔라나. SOL 코인이 필요하다. 구매를 원한다면 SOL을 확보해 메타마스크나 팬텀 같은 DeFi 지갑에 보관하고 있어야 한다. 피기셀 NFT를 판매하는 NFT 마켓플레이스 서비스로 '매직에덴magiceden.io'를 소개한다.

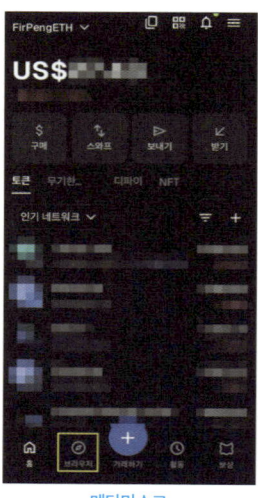
메타마스크

브라우저

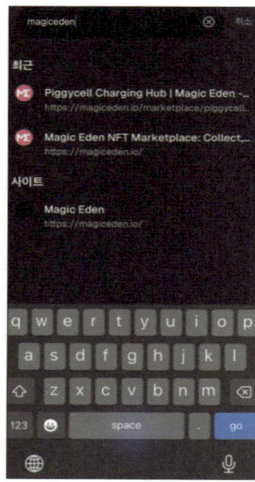
매직에덴 검색

메타마스크를 열고 하단 브라우저 메뉴에서 탭을 추가한다. 'Magiceden'을 검색해 접속한다.

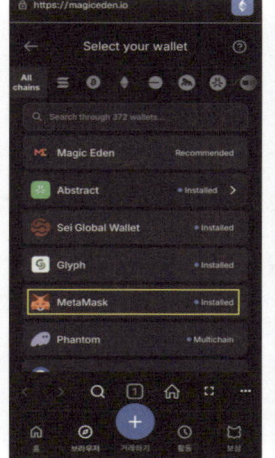
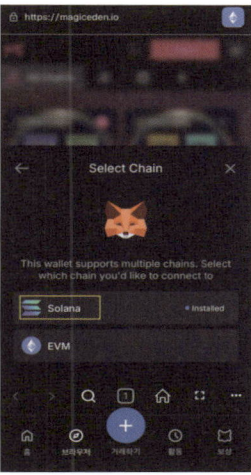

매직에덴 로그인   메타마스크 연결   솔라나 지갑

매직에덴 로그인을 하고 메타마스크를 연결한다. NFT는 솔라나 네트워크를 이용하기 때문에 솔라나를 선택한다.

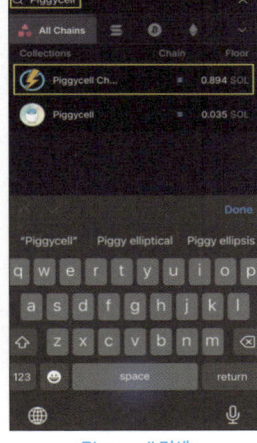

서명-로그인   Piggycell 검색

로그인을 위해 서명을 하고, 검색창에 'piggycell'을 검색한 후 선택한다.

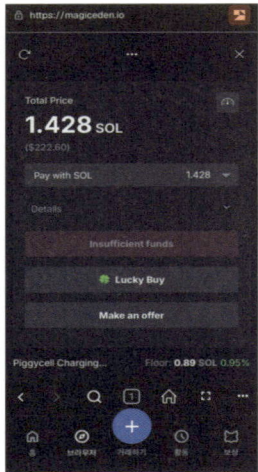

피기셀 NFT 마켓   NFT 선택   구매 페이지

피기셀 NFT 마켓에서 다양한 지역의 NFT를 확인 할 수 있다. 구매하고자 하는 NFT를 선택한 후 구매 페이지에서 소유자가 제시한 가격에 (SOL으로) 구매를 진행할 수 있다.

NFT 현황보기   NFT 리워드

충전돼지 스테이션에 매칭된 NFT가 발행되어 있고, 해당 NFT를 구매하면 스테이션에서 발생된 수익의 일부를 쉐어받을 수 있다.

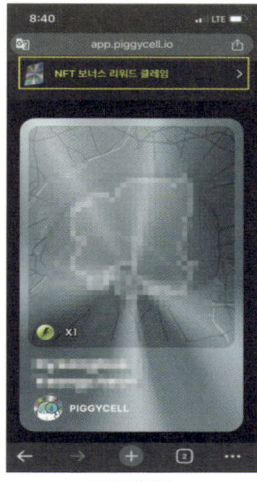
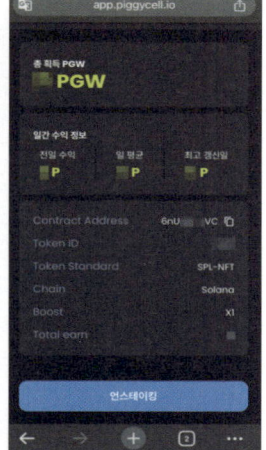

NFT 상세 1   NFT 상세 2

보유한 NFT에 대한 상세내역을 볼 수 있다. 그리고 NFT 홀더들에게는 생태계 유지를 위한 기여도로 PIGGY 에어드랍 등 이벤트 보상이 주어지기도 한다. 아래는 그 사례를 보여준다.

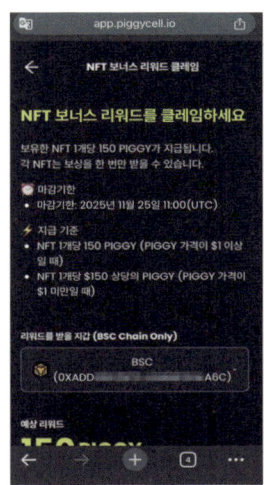

NFT 보너스 리워드 안내   보너스 지급 요청   보너스 지급 진행

NFT 보너스 리워드에 대한 안내문을 확인할 수 있고, 보유한 NFT 당 보너스 수량을 확인하고 보스 리워드 지급을 요청한다. 지급이 진행된다.

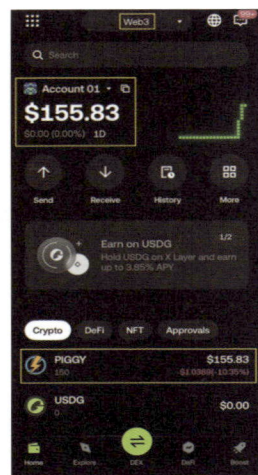

지급 지갑 연결   OKX DeFi Wallet   지급 확인

사전에 연결한 지갑에 접속한다. dApp 가입을 OKX Wallet으로 진행했고, OKX Wallet에서 보너스 리워드가 지급됨을 확인할 수 있다.

❸ 충전돼지 – 보조배터리 서비스 사용하기

실물 서비스인 충전돼지 보조배터리 서비스를 사용해서 포인트를 얻을 수 있다.(확보한 포인트는 추후에 토큰으로 교환도 가능하다.)

충전돼지 다운로드   충전돼지 실행   메인 화면

충전돼지 어플을 다운로드 한다. 다운로드가 완료된 후 앱을 실행한다. 하단 메뉴에 '내 정보'를 클릭해 로그인을 진행한다.

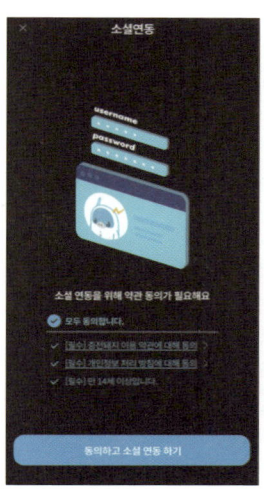

소셜 연동 약관   구글 계정으로 로그인   메인화면

소셜 연동에 관한 약관에 동의한다. 구글 계정으로 로그인하는 것을 추천한다.

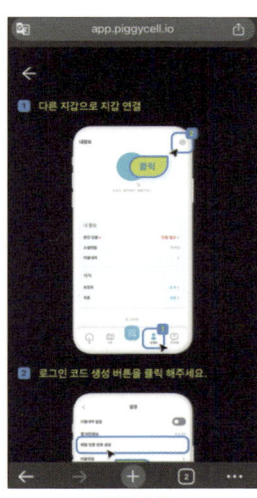

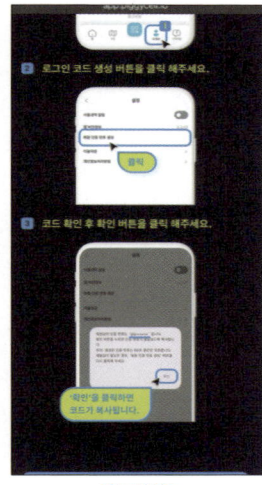

연동 방법1   연동 방법2

충전돼지 사용에 대한 리워드를 받기 위해, 충전돼지 앱과 dApp app.piggycell.io 연동이 필요하다. 충전돼지 앱 설정에서 사전에 설명된 안내에 따라 인증번호를 복사한다.

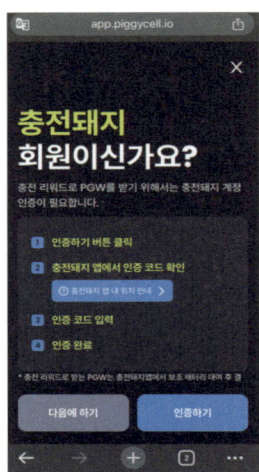

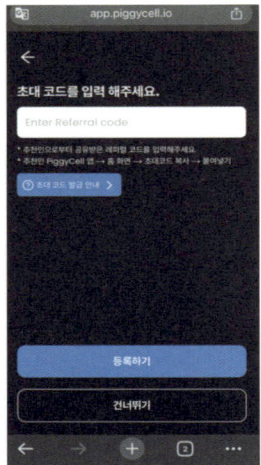

연동 방법3   연동 방법4

dApp에 복사한 인증번호를 붙여넣기 한다.

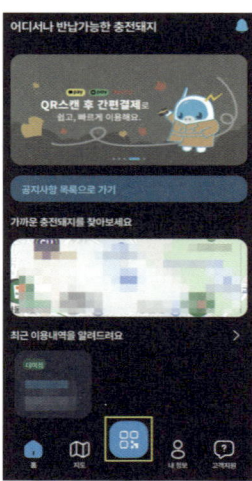

충전돼지앱 메인   충전돼지 스테이션

충전돼지 배터리를 사용하기 위해, 스테이션 앞으로 이동 후 앱 메인 화면 하단 중앙에
QR인식 카메라를 실행한다. 스테이션에 붙어있는 QR코드를 인식시킨다. 결제화면이 나
온다.

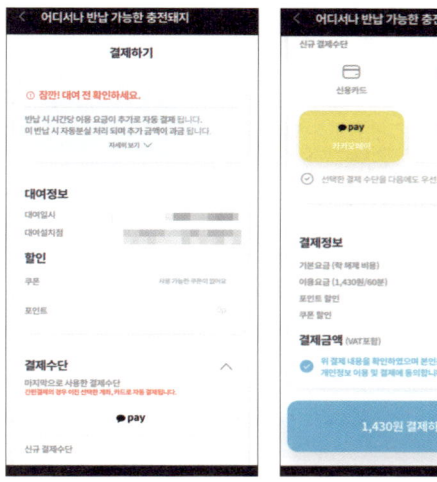

결제 화면   결제 내용

결제화면에서 대여정보를 확인하고, 결제수단을 결정해 결제를 진행한다. 선결제 비용(락 해제 비용)이 먼저 결제되고 배터리 수령 후 반납 시 결제된 이용요금 내용을 확인할 수 있다.

배터리 수령   배터리 반납

배터리를 수령하고, 이용 후 원하는 스테이션에 반납한다. 반납방법은 스테이션에 있는 빈 슬롯에 배터리를 삽입하면 된다. 반납 후 이용요금이 결제된다.

 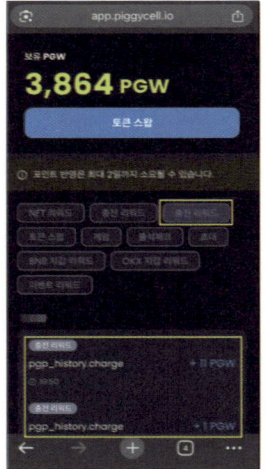 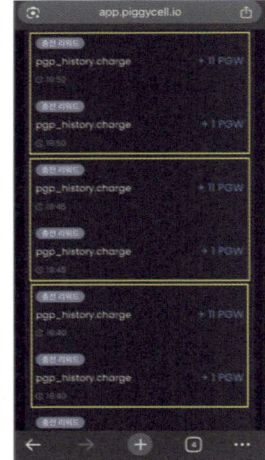

dApp PGW 내역   충전 리워드 선택   충전 리워드 확인

dApp에 접속해, PGW 내역에 접근한 후에 충전 리워드를 선택하면 충전 리워드 내역을 확인할 수 있다. 배터리를 대여한 시간동안 매 5분마다 PGW를 리워드(Charge-to-Earn)로 받은 것을 확인할 수 있다.

주의 사항

RWA 프로젝트로써, 실물 서비스인 '충전돼지 서비스' 사업에 큰 영향을 받는 프로젝트다. 토큰과 NFT 생태계 유지뿐만 아니라 보조배터리라는 실물 서비스도 운영을 잘하고 있는지 파악해가면서 해당 프로젝트에 대한 참여 및 투자를 고려해야 한다.

실물 서비스 혜택과 NFT 리워드는 스마트 컨트랙트 기반 자동화로 운영되지만, 인프라 고장 데이터 누락 등 예기치 않은 이슈 발생 시 기술 지원과 고객센터 연락을 통해 리워드 정상화를 요청해야 한다.

피기셀 해킹 사례 및 대응

"2025년 12월 5일경, 특정 민팅 지갑에서 대량의 새로운 $PIGGY 토큰이 갑자기 민팅된 후 즉시 매도되는 사건이 발생했습니다. 팀은 즉시 모든 상장 거래소에 거래 중단 및 입출금 제한을 요청했으며, 외부 해커의 공격 및 침입 경로, 피해 규모, 관련 지갑과 트랜잭션을 추적·분석하는 등 손실 최소화를 위한 조치를 취했습니다. 현재 $PIGGY 보유자에 대한 보상 방안과 복구 계획을 진행 중이며, 관련 내용은 커뮤니티 채널을 통해 지속적으로 공지하고 있습니다."

바이낸스 정지 요청

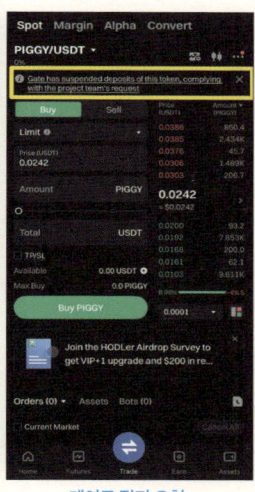

게이트 정지 요청

피기셀 사고 대응

해킹과 같은 사회적 이슈는 크립토 프로젝트뿐만 아니라, 이동통신사, 카드사 등에서도 심심치 않게 발생하는 중요한 문제다. 크립토 투자자는 자신의 자산이 위험에 노출될 수 있다는 점을 스스로도 인지해야 한다.

2025년에 신고된 대형 해킹사건만 해도 7건을 꼽을 수 있다. 단일 최대 규모로 꼽히며 화제를 모았던 것은 2월 알려진 글로벌 가상자산 거래소 바이비트의 해킹사건이다. 이더리움 4만 1346개, 당시 기준으로도 약 10억 5,000만달러(약 1조 5천억원) 규모였다. 국내에서는 4월 SK텔레콤에서 2,324만명의 가입자 정보가 유출됐고, 9월 롯데카드(297만명 개인

정보 유출)와 KT(2만명 정보 유출)의 사고가 있었다. 또 11월에는 업비트(코인 1,000억개 이상 약 540억원 규모), 쿠팡(고객 3,370만명 개인정보 유출), G마켓(소비자 60여명 의심 결제 발생)이 벌어졌다. 여기에 앞서 말한 12월 피기셀 사태(토큰 2,000만개 무단 발행-매도)까지 터졌다.

이러한 해킹 사건을 통해 얻을 수 있는 중요한 교훈은 프로젝트와 프로젝트 팀에 대해 충분한 공부가 필요하다는 점이다.

단순 투자금만으로 운영되는 프로젝트의 경우, 해킹 공격 이후 프로젝트 복구나 홀더들에게 돌아갈 피해 보상을 진행하기 어려울 수 있다. 반대로 프로젝트에서 수익이 발생하고 있거나 과거에 이익을 창출했다면, 팀은 복구 및 피해 보상을 통해 '황금알을 낳는 거위'와 같은 소중한 프로젝트를 쉽게 포기하지 않을 가능성이 크다.

또 팀의 사고 대응 과정이 적절하고 신뢰성 있게 진행된다면, 위기 관리 능력이 입증된 팀으로 시장에서 재평가될 여지도 있다. 결국 모든 상황에 대해 신중하게 접근하고, 리스크 관리 관점에서 프로젝트와 팀의 역량을 면밀히 살펴보는 것이 중요하다.

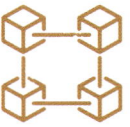

5

야핑Yapping의
세계로!

블록체인 공간에서 야핑yapping은 주로 X구, 트위터, 디스코드, 텔레그램 같은 소셜 미디어에서 특정 프로젝트에 관한 유익하고 영향력 있는 콘텐츠를 생성하고 공유하는 활동이다. 이 과정에서 사용자는 단순한 소비자가 아니라, 프로젝트 성장에 실질적인 기여를 하는 '커뮤니티 크리에이터' 역할을 하게 된다.

블록체인 프로젝트는 분산화된 구조 때문에 중앙의 일방적인 마케팅보다는 커뮤니티와의 적극적인 소통과 협력이 프로젝트 성공의 핵심 요소가 된다. 야핑은 프로젝트 홍보, 정보 확산, 사용자 교육, 커뮤니티 결속에 매우 중요한 역할을 한다.

최근 블록체인 업계에서 '얍 투 언Yap-to-Earn'이라는 커뮤니티 활동을 기반으로 하는 보상이 유행하고 있다. 이 모델은 커뮤니티 구성원이 프로젝트에 기여하는 '질 높은 소셜 참여'를 토큰이나 에어드랍 형태로 보상하는 방식이다. 야핑은 단순히 정보 교환을 넘어서 커뮤니티 내 소셜 결속과 인지도를 만드는 문화적 기제로 작동한다. 야핑 활동을 하는 사용자를 '야퍼Yapper'라 부르며, 이들은 종종 커뮤니티 내 영향력 있는 리더 또는 인플루언서KOL로 자리 잡는다. 야핑은 커뮤니티 활동에 기여하고, 보상도 받지만 동시에 과도한 광고성 게시물, 허위 정보, 스팸성 콘텐츠 등으로 인해 X계정이 정지 당할 수 있다. 따라서 AI 필터링, 커뮤니티 모니터링, 신고 시스템 등을 통해 품질 관리를 신중히 수행해야 한다.

웹3Web3 소셜 플랫폼인 카이토Kaito, 월체인 쿼크Wallchain Quacks 등이 야핑 생태계를 구축하여, 암호화폐 생태계의 새로운 참여 문화를 만들어가고 있다.

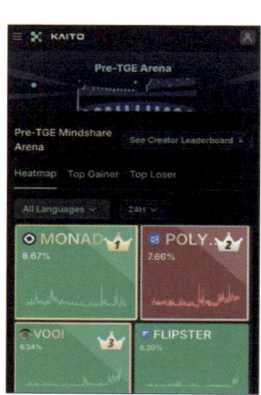
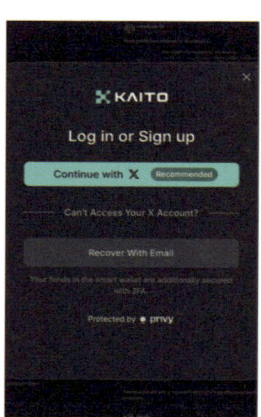

| 카이토 모바일 페이지 | 계정으로 카이토 로그인 | 월체인 모바일 페이지 |

❶ 참여방법

야핑을 하려면 먼저 카이토yaps.kaito.ai/나 월체인 쿼크app.wallchain.xyz/app/profile에 가입해야 한다. X구 트위터를 통해 로그인을 진행하면 된다.

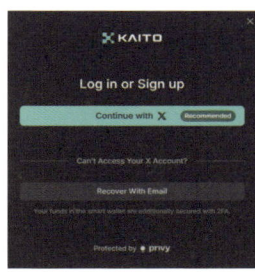

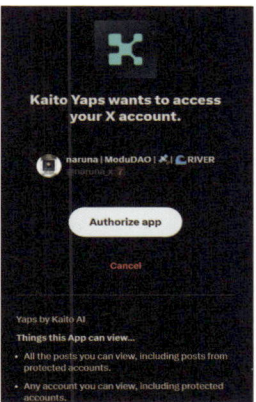

https://yaps.kaito.ai/   X 연동   Authorize app 클릭

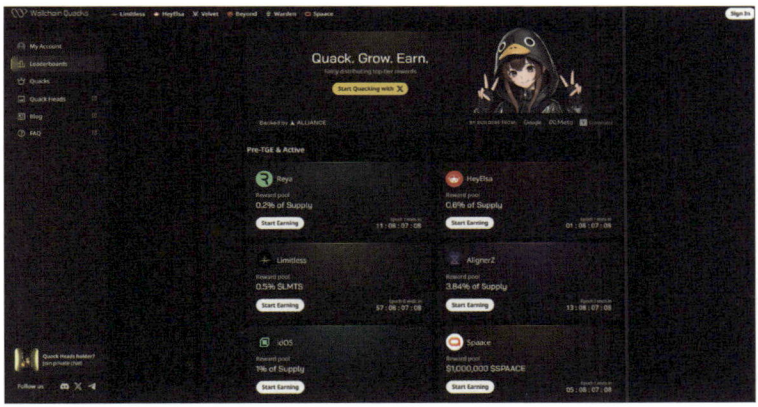

https://app.wallchain.xyz/ X 연동

Authorize app 클릭

트위터에 해당 프젝 또는 AI를 @태그와 같이 언급 후 프로젝트의 내용을 작성하면 된다. 그럼 1일 또는 1주일 기준으로 정산된다. 꾸준한 야핑 활동으로 많은 마인드셰어 또는 포인트를 얻어 리더보드를 올리면 된다.

정보를 집계하고 요약해주는 대표적인 AI 기반 플랫폼으로 카이토KaitoAI가 있다. 저자의 경우, 계정을 분석하는 AI가 프로젝트마다 다르다. A 프로젝트는 카이토를 쓰지만, B 프로젝트는 자체적으로 제작하여 야퍼들의 게시글을 판별한다. 또한 같은 AI를 써도 다양한 프로젝트들이 있기에 프로젝트마다의 리더보드는 각각 적용된다. 이를 바탕으로, 참여자가 많지 않거나 한국·중국·일본 등 특정 국가를 대상으로 국가별 리더보드를 겨루는 등 노력 대비 많은 포인트를 받을 수 있는 프로젝트를 '빈집', '꿀집'이라고 부르는 새로운 용어가 생겨났다. '빈집', '꿀집' 프로젝트를 잘 찾아 얍핑한다면, 가성비 좋게 포인트를 얻을 수 있다. 카이토는 사람들이 가장 많이 쓰며, 여러 프로젝트에서도 신뢰를 가져다줄 수 있는 AI 플랫폼이지만, 그만큼 진입장벽이 높으며 리더보드에 들기까지 짧게는 2~3일, 길게는 4~5개월 이상 '허공에 발차기'를 할 수 있고, 포인트를 처음 얻는 행위를 '혈이 뚫렸다'고 한다. 혈이 뚫리면 마인드셰어를 더 많이 받을 수 있게 되고, 보상 받을 확률도 늘어난다. 보상은 프로젝트 보상 풀 마다 다르고, 높은 등수 일수록 더 많은 보상을 받게 된다.

❷ 야핑 시작 및 프로젝트 선정하기

'KaitoEarn'에 들어가 캠페인 진행 중인 프로젝트를 확인한다.

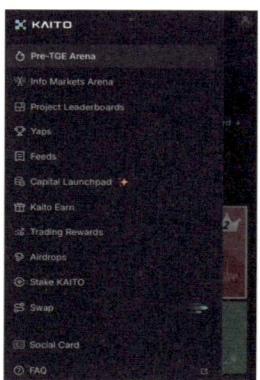 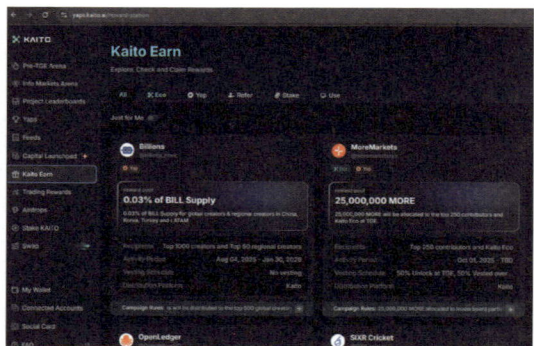

카이토 Earn 페이지

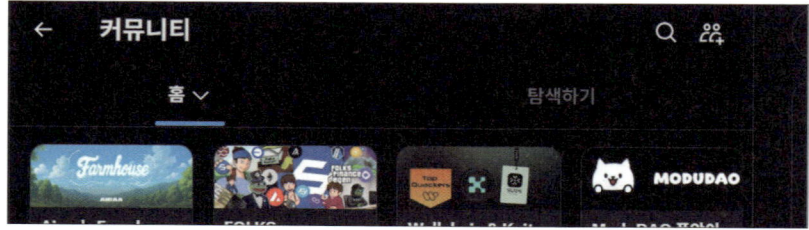

카이토에서 참여할 수 있는 OpenLedger, MemeMax, Theo 등의 캠페인. 여기서 진행중인 캠페인을 확인하고, 자신이 원하는 프로젝트를 선택하여 야핑을 한다. 자신이 투자하거나 관심있어 하는, 보상풀이 커서 보상 받을 확률이 높은 것을 선택한다.

프로젝트를 살펴보고 각 프로젝트마다 보상 풀, 기간 등 조건과 내용이 다르므로 자신에게 맞는 전략을 세워야 한다. 예를 들어 선정되는 계정은 적지만 보상을 많이 준다거나, 적은 보상이지만 많은 사람들에게 할당을 해줘서 받을 수 있는 프로젝트는 보상 받을 기회가 상대적으로 많다. 그리고 어떤 프로젝트는 하는 사람이 적으니까 '빈집 털기' 야핑 이용법 참조를 하는 경우가 있다.

'선정한 프로젝트 글 구상하기'를 통해 자신의 X 계정에 글을 업로드 한다. 프로젝트에 대한 글 작성의 소재는 프로젝트 소개글, 이벤트, 기술, 소식 등을 올리면 된다. 프로젝트에 대한 정보글 뿐만 아니라 프로젝트 이름으로 '오늘 저녁은 OpenLedger숙회'와 같은 언어유희, '이거 MemeMax랑 닮았어요', '오늘도 Theo를 끝으로 하루 마무리' 식의 일상과 접목하여 쓰는 글도 하나의 콘텐츠가 될 수 있다.

X에 글을 작성 후 해당 프로젝트를 태그해야 한다. 그래야 AI가 인식해 마인드셰어를 적용해 준다. 댓글, 인용, 재게시, 좋아요 등을 활용하여 상호작용하여 프로젝트에 대한 커뮤니티를 구축해야 한다. 활발한 상호작용은 더 높은 마인드셰어를 할당받기에 많은 사람들과의 상호작용은 필수다.

❸ 야핑 수익화 전략 팁

X에는 '커뮤니티' 기능이 있다. 커뮤니티 기능은 하나의 주제를 가지고 이야기를 나누는 공간이다. 예를 들어 커뮤니티 주제가 요리라고 하자. 해당 커뮤니티에서는 여러 요리법과 꿀팁 등 요리와 관련한 주제로 이야기를 한다. 마찬가지로 리밋리스 커뮤니티에서는 리밋

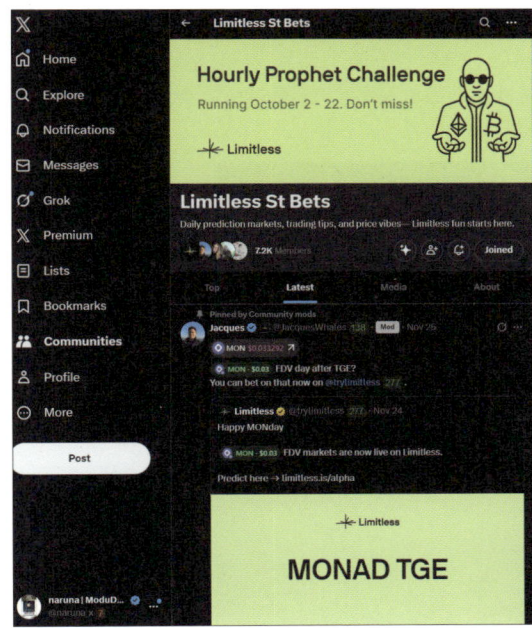

X 커뮤니티

리스와 관련된 이야기를, 폴크스Folks에서는 폴크스에 관련한 내용으로 야핑을 하면 된다. 이 기능을 활용해 초반 팔로워를 끌어모을 수 있다. 흔히들 '품앗이'라는 활동인데 소형 계정을 도와주는 것이라고 이해하면 된다. 야핑 활동과 품앗이로 도움을 받아 최소 2,000 팔로워를 모으는 걸 목표로 하는게 좋다. 또 커뮤니티에 너무 의존하게 되면 오히려 악효과를 일으킬 수 있다. 그러기에 팔로워를 모으는 용도로 사용한 후 게시물 공개 대상을 전체로 설정하여 글을 쓰는게 더욱 효과적이다. 또 마인드셰어가 높은 야퍼들이 서로 인용하거나 리트윗을 해주면서 각자의 게시물에 조회수를 올리고 마인드셰어를 높여 나간다.

야핑은 전세계적으로 다양한 국적의 사람들이 참여하는 캠페인이다. 몇몇 프로젝트에서는 특정 국가를 대상으로 국가별 할당을 해준다. 예를 들어 A 프로젝트는 '전세계 탑 500 보상'이지만, B 프로젝트는 '전세계 탑 300 + 한국 탑100 + 중국 탑 100' 같은 식으로 할당하기도 한다.

앞서 말한 '빈집 털기'도 좋다. 카이토, 월체인, 쿠키Cookie 등 유명한 InfoFiInformation과 Finance의 합성어. 온라인-소셜서비스 활동을 블록체인을 통해 자산으로 전환하는 프레임워크에서는 소형 계정이 대형계정과 경쟁하기가 매우 힘들 수 있다. 그래서 아직 알려지지 않은 InfoFi를 찾아내서 작업해야 보상받을 확률이 올라간다. 운이 좋다면 야핑하는 사람도 적은데, 한국 할당이 있고 아직 한국인이 잘 모른다면, 소형 계정도 충분히 보상받을 수 있다.

사진을 활용하는 것도 추천한다. 사진 없는 글보다는, 사진을 포함한 게시글이 추천에 뜰 확률이 높아진다. 추가로 그림에 해당 프로젝트와 관련되어 있는 그림일수록 자신이 올린 글을 분석하는 AI들이 더욱 높은 점수를 할당할 가능성이 높아서 사진도 신경 써야 조회수를 많이 받을 수 있다. 직접 그림을 그려도 되고, 챗GPT를 이용해 생성한 그림이나, 일상 사진, 본인 사진 등을 활용하면 된다. 주의할 것은 '어그로'를 끈다고 선정적인 사진을 올리면, 트위터 계정이 정지되거나 특정 AI가 그 선정적인 사진을 제외할 수도 있다.

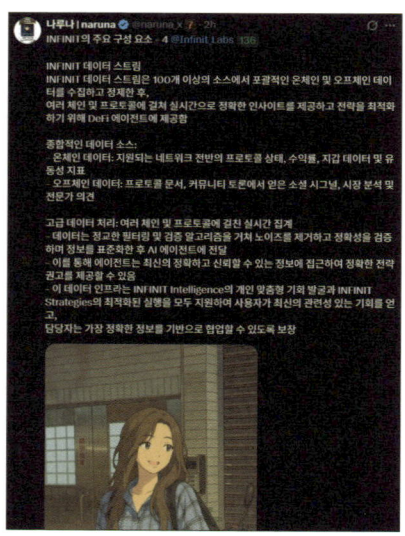

야핑 예시

주의 사항

게시글 작성 시 꼭 필요한 해시태그만 사용해야 한다. 너무 많은 해시태그는 오히려 조회수를 떨어뜨려서 내 게시글이 안 뜨게 될 수도 있다.

커뮤니티에 과도하게 의존하는 것도 피해야 한다. 커뮤니티에 올린 게시글은 해당 커뮤니티 구성원과 나의 팔로워에게만 보인다는 제약이 있기 때문이다. 커뮤니티에만 의존하다가 모든 사람이 볼 수 있는 기회를 놓치게 될 수 있다. 최고의 커뮤니티 활용 방법은 팔로워를 모으는 것이라는 점을 명심해야 한다.

너무 많은 댓글과 게시글은 역효과를 부른다. X에서는 반복적인 행위, 즉 '봇' 관련 제재를 중요시하고 있다. 따라서 무작정 많은 게시글을 쓰기보다는, 하나의 게시글을 쓰고 일정 시간 간격으로 한 번씩 리트윗해주는 게 더 좋은 선택이다. 또 댓글을 너무 많이 쓰는 경우 트위터에서 '봇'으로 간주해 잠시 댓글이 막히는 상황이 벌어질 수 있다. 그래서 가끔은 쉬면서 작업을 하는 것이 도움이 된다.

X를 처음 가입하거나 장기간 사용이 없는 계정은 '서치밴'이 걸린다. 서치밴이 설정되면 게시물을 올리거나 아무리 태그를 사용해도 다수 계정에 내 게시물이 노출되지 않게 된다. 이렇게 서치밴이 설정돼도 너무 걱정할 것은 없다. 2~3일 꾸준하게 야핑 활동을 하면 자연스럽게 풀리게 된다.

커뮤니티 및
오프라인 활동

1

텔레그램Telegram

2

X

3

밋업Meetup

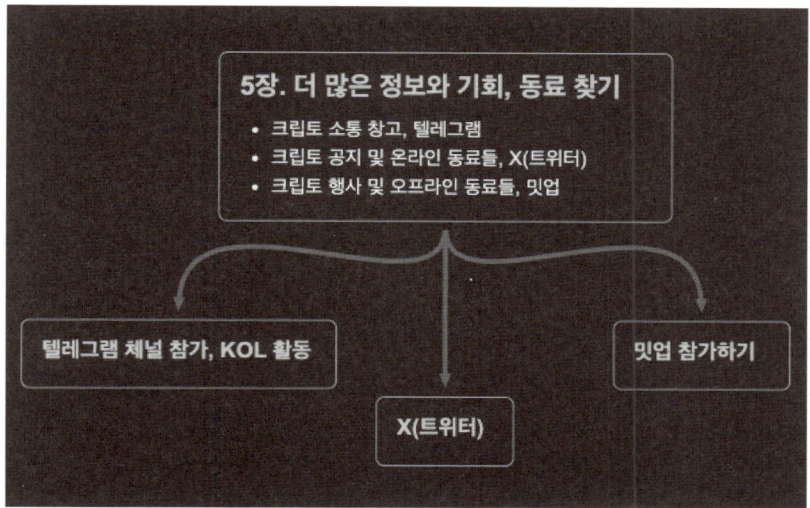

Chapter 5 주요 용어 및 개념 설명

1

텔레그램
Telegram

    텔레그램은 보안성 높은 설계로 전 세계 9억 명 이상이 사용하는 메신저 플랫폼으로, 특히 블록체인·암호화폐 커뮤니티 내에서 필수 도구로 자리 잡고 있다. 단순한 메신저를 넘어, 온라인 커뮤니티 플랫폼이자 콘텐츠 발신 채널로 활용된다. 웹3Web3·크립토 커뮤니티의 중심이자 허브로 글로벌 프로젝트 대부분이 텔레그램 채널을 중심으로 커뮤니티를 운영한다.

    대표적인 커뮤니티로는 '실시간 AMAAsk Me Anything, 무엇이든 물어보세요'가 꼽히고, 특히 'KOLKey Opinion Leader', 즉 인플루언서나 프로젝트 대표들이 활동 중심을 두는 핵심 도구다. KOL 활동은 많은 팔로워를 기반으로 다양한 프로젝트의 홍보 요청을 통해 채널을 가지고 있는 것만으로도 부수익을 얻을 수 있는 활동이다. 다만 팔로워를 늘리고 유지하기 위한 노력이 필요하고 팔로워들에게 자신만의 장점이나 매력 어필이 필요하다.

    텔레그램의 인기 비결은 무엇보다 '종단간 암호화End-to-End Encryption'가 적용된 '비밀대화Secret Chat' 기능 때문이다. 서버에 메시지가 남지 않고, 자동 삭제 설정까지 가능해 프라이버시 보호에 최적화되어 있다. 거기에 일방향 공지용 '채널'과 양방향 대화형 '그룹'을 모두 지원하는 점 때문에, KOL, 프로젝트, 거래소 등은 공지 채널을 통해 실시간 업데이트를 제공한다.

그 외에도 최대 2GB까지 대용량 파일 전송이 가능해 개인용 클라우드 저장소처럼 활용할 수 있고, 커뮤니티 운영에 필요한 다양한 기능, 이를테면 거래 알림, 뉴스 집계, 에어드랍 정보 등 원하는 정보를 제공하는 봇 Bot, 미니 게임도 구현 가능한 미니앱Mini App 기능도 갖고 있다.

텔레그램은 전화번호 기반 계정 시스템이며 가입 절차가 간단해 설명을 생략한다. 다만 프라이버시 강화를 위해 '마지막 접속 시간 숨기기', '전화번호 비공개' 등을 적용할 것을 권한다.

특히 공식 계정을 모방한 사칭 계정이 다수 존재하기 때문에 반드시 공식 계정인지 확인해야 하고, 제공받은 정보에 대해서도 전부 맹신하는 것

텔레그램

은 아주 위험하다. 공식인증 채널인지 알려면 @Official, @Admin 등의 도메인이 명시되어 있는지를 먼저 확인한다.

또 커뮤니티 내에서 해당 커뮤니티 문화 또는 규칙에 벗어난 활동을 하는 경우 관리자에 의해 퇴출되거나 심한 경우 계정이 삭제될 수도 있다.

 TG 추천 리스트

- **크립토하이스쿨 채널** https://t.me/cryptohighschool/
  암호화폐(코인) 투자 입문자들의 위한 교육자료 및 DeFi 정보를 제공한다.
- **모두다오 채널** https://t.me/Modu_DAO
  프로젝트 재단들과 소통하며, 다양한 프로젝트 소개 및 밋업을 운영한다.
- **우쥰의 코인채굴작전** https://t.me/woojunmining
  NFT 투자 정보 및 야핑 정보 그리고 참여 방법 등을 제공한다.
- **김도넛의 돈복사실** https://t.me/kimdonut_mp
  런치패드와 에어드랍 정보와 실제 참여 방법과 후기 등을 제공한다.
- **고니 공지방** https://t.me/goni_chain
  온체인분석 및 DeFi 매매 등 다양한 분야의 DeFi서비스를 소개한다.
- **졸업생(진)** https://t.me/wondaegam_ModuDAO
  DeFi 서비스 리서치 및 수익률 분석 등을 제공한다.
- **코파카** https://t.me/coinpaka
  야핑과 에어드랍 등 수익화 정보를 제공한다.

2

X
구 Twitter

2025년 기준 X는 여전히 전 세계 2억 4,500만 명 이상의 일일 활성 사용자를 가진 실시간 정보 플랫폼이다. 특히 뉴스·정치·금융·암호화폐 이슈를 가장 빠르게 전달하는 플랫폼으로, 전 세계 미디어·기관·프로젝트들이 정보를 최초로 공개하는 채널 역할을 유지하고 있다. 실제 이용자의 59%가 '뉴스 소비를 위한 주요 수단'으로 X를 사용한다고 할 정도다. 실시간 트렌딩 시스템 덕분에 시장 변화나 정책 이슈가 즉시 반영되고, 블록체인, 기술, 스타트업 분야에서는 전문가 중심의 인사이트 채널로 활용한다.

말 그대로 글로벌 실시간 정보의 중심이자, 웹3·크립토 분야의 정보 허브다. X는 블록체인 프로젝트, 개발자, 거래소, 인플루언서들이 가장 활발히 활동하는 주요 플랫폼이다. 공식 에어드랍 공지, 신규 프로젝트 알파Alpha, 네트워크 업그레이드 정보 대부분이 X에서 먼저 공개된다. 웹3 기업들은 텔레그램보다 공식 발표·홍보·시장 반응 확인 용도로 X를 집중 활용한다.

나아가 X 크리에이터 프로그램Creator Program을 통해 팔로워와 참여율에 따라 광고 수익 분배도 가능하다. '그록Grok AI 추천 시스템'을 활용한 콘텐츠 노출 최적화로 인플루언서의 성장을 가속화해주기 때문에, NFT—DeFi 프로젝트가 X 기반 커뮤니티를 통해 초기 사용자 모집 및 토큰 세일 링크를 공유하는 추세다.

X는 PC 브라우저x.com 또는 모바일 앱iOS·Android에서 간단하게 계정을 생성할 수 있어 자세한 설명은 생략한다. 다만 보안을 위해 개인 식별정보전화번호, 이메일 등는 비공개로 설정할 것을 권장한다. 또 프로필에 직업 또는 관심사 키워드이를테면 'Blockchain Developer', 'DeFi Enthusiast'처럼를 넣고, 첫 게시물에서는 자기 소개와 관심 분야를 간단히 명시하는 게 좋다. 위처럼 작성한다면 해시태그에는 #Crypto, #DeFi, #Web3, #AI 등을 함께 써줘야 노출 확률이 높다.

X 추천 채널 리스트

- **크립토하이스쿨** https://x.com/cryptohighschol

  크립토하이스쿨 팀 활동 내용을 공유한다.

- **퍼팽** https://x.com/FirPeng_DAO

  크립토 투자 및 블록체인 지식 소매상 활동 내용을 제공한다.

- **나루나** https://x.com/naruna_x

  얍핑 및 밋업 참여 그리고 투자 활동 내용을 제공한다.

- **나짱** https:// https://x.com/nazzang0822

  크립토 투자 및 밋업 참여 등 활동 내용을 제공한다.

- **모두다오** https://x.com/Modudao0707

  밋업 운영 정보 및 다양한 DeFi 정보를 제공한다.

- **고니** https://x.com/jacgol25

  코인 투자 정보 및 리서치 내용을 제공한다.

- **김도넛** https://x.com/kimdonut_

  DeFi 프로젝트 리서치 정보 및 코인 투자 정보를 제공한다.

- **우쥰** http://x.com/woo_jun_space

  야핑 정보 및 NFT 투자 등 코인 투자 정보를 제공한다.

- **원대감** https://x.com/wondaegam

  야핑 정보 및 신규 DeFi 프로젝트 수익율 정보를 제공한다.

밋업
Meetup

밋업에 참석해야 하는 이유

'밋업'이라는 용어가 생소한 사람들도 있을 것이다. 보통은 와인 모임이나 취미 모임에서 행사를 할 때 밋업이라는 용어를 사용해 왔다. 좋아하는 것이 같거나 관심 분야가 비슷한 사람들이 모여 의견을 교환하고 네트워크를 형성하는, 비공식적이고 자발적인 모임을 말하고 있다. 'Meet up만나다'에서 유래했고, 처음에는 미국에서 'Meetup.com' 플랫폼을 통해 취미, 기술, 사회운동, 스타트업 등의 커뮤니티가 스스로 모임을 조직하면서 확산되었다. 여전히 와인 같은 취미 모임도 있지만 블록체인, IT, 마케팅, 스타트업 분야에서 활발히 활용된다.

밋업과 컨퍼런스를 비교해 보면, 밋업은 좀 더 자발적으로 커뮤니티를 갖고 모인다. 그리고 소규모로 비공식적으로 신청을 받으며 누구나 제안하고 참여할 수 있다. 그런만큼 분위기도 자유롭다. 컨퍼런스는 공식적인 기관이 주최하고 대규모이고 정형화되고 초청 중심이다. 그러면서 컨퍼런스는 발표 중심으로 배우는 곳이라는 분위기가 있다.

2025 KBW 컨퍼런스 현장

Sui 밋업 선물

  DeFi 분야에서는 밋업은 크게 투자자 밋업, 개발자 밋업, 커뮤니티 밋업, 교육 밋업 등이 있다. 투자자 밋업은 토큰 경제 모델, 시장 동향과 리스크 관리 등을 보통 논의한다. 그리고 개발자 밋업은 코드 워크숍, 해킹대회 준비, 스마트 컨트랙트 구조 등을 주로 논의한다. 커뮤니티 밋업은 커뮤니티 거버넌스, 참여자간 직접적인 거래와 기록을 관리하는 탈중앙 네트워크 전략 등을 나누는 자리로 갖는다. 교육 밋업은 초보자 대한 DeFi 입문과 블록체인에 대해 이야기를 나누는 자리로 보면 된다. 밋업은 단순히 만남에서 끝나는 자리가 아닌 DeFi 산업의 혁신 아이디어가 태어나는 출발점이라고 본다.

밋업에 참여하는 것은 이러한 다양한 모임 등을 통해서 네트워킹을 넓혀 가기 위해서다. 공통의 관심사를 가진 사람들과 만나서 자연스럽게 정보 교류와 협업 기회를 만들 수 있는 것이다. 밋업 행사를 가면 이러한 분위기를 조성하기 위해 다양한 행사와 음식을 준비하여 네트워킹에 장을 만들어 주고 있다. 그리고 오프라인 모임이 자연스럽게 텔레그램, X 그리고 디스코드로 이뤄지면서 상호 신뢰도와 영향력이 커지는 것이다. DeFi 생태계에서 커뮤니티 중심의 신뢰도가 매우 중요하기 때문에 투자자, 개발자, VC, 리서처, KOL 등과 직접 연결되는 자리이기도 하다. 이를 통해서 초기 투자 참여, 프로젝트 협업 제안, 연구 기회 등으로 자연스럽게 이뤄지는 것이다. 오프라인에서 얼굴을 직접 만나는 것이 온라인 참여보다 훨씬 신뢰도를 높일 수 있기 때문이기도 하다.

DeFi는 빠르게 변하고, 발전하는 시장이다. 그런만큼 프로젝트 투자자, 개발자, 리서처가 직접 발표하는 현장 정보가 훨씬 빠르고 실질적이다. 밋업에서는 규제 방안, 보안 이슈, 새로운 프로토콜, 실물자산 토큰화 등과 같은 최신 주제가 다루어지고 있다. 특히 호주, 싱가포르, 두바이와 같은 웹3 허브 도시의 밋업은 세계적인 인사이트를 직접 들을 수 있는 기회다.

그리고 이러한 참여를 통해 취업과 창업 기회 등을 통해 커리어를 넓혀 갈 수도 있다. 세계적인 웹3 기업들은 채용 공고보다 커뮤니티에서 사람을 찾는 경우가 많다. 그래서 밋업 참여를 통해 자연스럽게 프로젝트 팀에 합류하거나 자신의 아이디어를 얘기하면서 공동 창업자를 만날 수도 있는 것이다.

미국과 호주를 포함한 각국의 디지털 자산 규제는 바르게 변화 중이다. 밋업에서는 정부기관 관계자나 법률 전문가가 참여해 정책 방향, 금융의 투명성 제고와 자금세탁 그리고 테러자금 조달 방지를 위한 핵심 제도인 C/AML 규제, CBDC중앙은행 디지털화폐 연계 방안 등을 논의하기도 해서 정책, 산업, 금융이 어떻게 연결되는지 현장에서 배울 수 있다.

밋업을 참여해서 다양한 선물도 받고, 현장 참여자들에게 주어지는 에어드랍을 받는 것도 참여하는 이유 중의 하나다. 그리고 일반 투자자에게 공개되지 않은 정보들과 초기 투자 기회가 밋업에서 공유가 되는 경우도 있다. 파트너십 관계자, VC들이 참석하는 밋업에서는 프라이빗 세일 참여 조건을 직접 들을 수도 있다. 그러면서 신규 프로젝트의 초기 유저로 온보딩을 할 수 있는 기회와 함께 후속 보상과 우선권이 주어지는 것이다.

밋업 신청 방법 - 루마https://luma.com/

밋업을 참여하기 위해서는 참가 신청을 할 수 있는 플랫폼을 이용해야 한다. 신청하면서 날짜와 시간 그리고 장소는 기본으로 체크를 하고 특히 장소가 온라인으로 진행되는 경우 접속 링크를 꼭 확인하는 것이 중요하다. 밋업마다 주제나 발표자에 대한 정보를 볼 수 있으니 미리 확인하는 게 좋다. 그리고 미리 네트워킹에 필요한 명함이나 프로필 등을 준비해서 공유하는 것도 좋다. 그리고 주제에 대해 준비하고 가면 대화가 더 원활하게 이루어진다. 오프라인 모임일 경우에는 교통과 주차를 미리 체크한다면 편할 것이다. 단순히 참여에서 끝나는 것보다는 밋업에서 만난 사람들과 연결을 유지하면 더 큰 가치가 생길 것이다.

밋업을 신청하는 플랫폼으로 루마가 대표적이므로, 루마 앱을 미리 설치하고 거기에서 원하는 밋업을 선택하고 참여하면 된다.

밋업을 선택하고 클릭하면 시간과 장소를 볼 수 있다. 그리고 해당 밋업

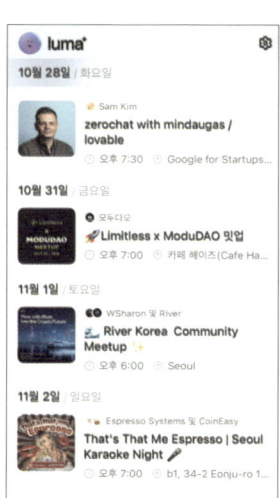

루마 Meetup 현황

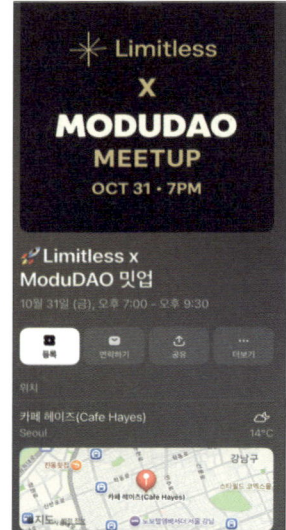

루마 Meetup 선택

에 대한 요약 정보도 확인할 수 있다. 그리고 참여 대상에 대한 소개와 시간 계획은 어떻게 되는지, 그리고 경품은 어떻게 되는지 볼 수가 있어서 이러한 경품에 따라 참여도가 달라지는 경우가 생긴다.

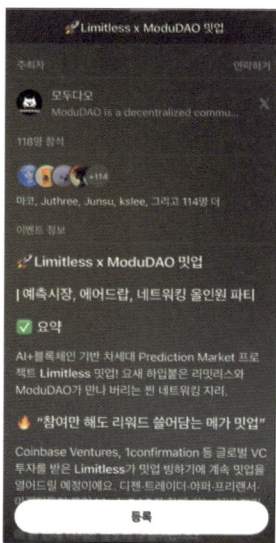

루마 밋업 소개

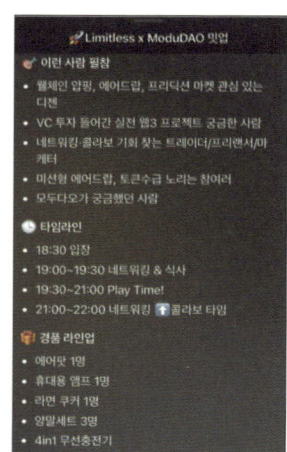

루마 밋업 요약 및 경품 소개

밋업 참가 등록에 앞서 필수 체크 상황과 추가 미션을 미리 확인하고 수행한 이후에 등록을 누르는 것이 좋다. 추가 미션으로 주어지는 것들은 채널 가입과 트위터 팔로우 등을 요구하는 경우가 있는데 미리 해두는 것이 좋다. 그리고 등록을 하게 되면 된다. 등록을 할 때에는 요청사항에 맞춰서 작성하면 된다.

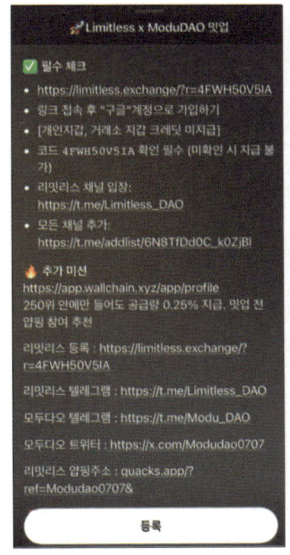

루마 밋업 체크사항

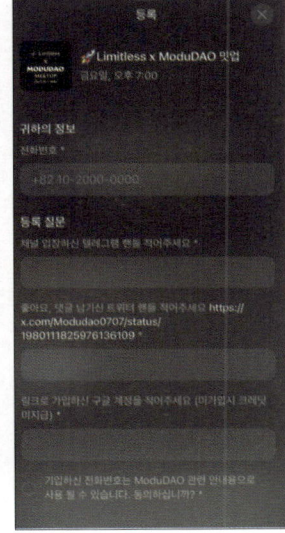

루마 밋업 등록